Beschryvinge Van Het Magtig Koningryk Krinke Kesmes: Zynde Een Groot, En Veele Kleindere Eilanden Daar Aan Horende

Hendrik Smeeks

Texas's in., be in., p. 5.

Beschryvinge van het Magtig Koningryk
KRINKE KESMES:
Zynde een gedeelte van het onbekende
ZUIDLAND.
t' Amsterdam by Nicolaas ten Hoorn 1708.

BESCHRYVINGE
Van het magtig Koningryk
KRINKE KESMES.
Zynde een groot, en veele kleindere Eilanden daar aan horende;

Makende te zamen een gedeelte van het
onbekende

ZUIDLAND.

Gelegen onder den Tropicus Capricornus.

Ontdekt door den Heer

ʼJUAN DE POSOS,

En uit deszelfs Schriften te zamen gestelt
Door H. SMEEKS.

INGENIO ET INDUSTRIA.

Te AMSTERDAM,
By NICOLAAS ten HOORN,

VOOR-REEDEN.

An wat nut de ontdekkin-gen der verafgelegene Lan-den, voor de Europiaanſe Natien altoos geweeſt zyn en nog zyn, zal niemand onbewuſt wezen, ten ware hy een afgezonder-de kluizenaar was, die in de eenzaam-heit als buiten de wereld leefde. De grote voordeelen, welke het magtige Spaanſe Ryk uit hunne Volkplantin-gen in de nieuwe waereld nog daag-lyks geniet, gaan alle geloof te bo-ven: en om zo verre niet af te wei-den, men behoefd het oge maar te ſlaan op de heerlyke en menigvuldi-ge ſchatten welke de Nederlandſe Maatſchappyen uit het Ooſten en 't Weſten t'huis brengen.

De voordeelen, dien de een en de andere genieten, heeft verſcheidene Natien aangeport om langs dergely-ken weg mede deel aan de uitheem-ſe koſtelykheden te hebben, zonder haar in 't minſte de onderneeming

der

VOOR-REDEN.

der gevaarlykfte togten te ontzien, om eens haar gewenfcht oogmerk hier inne te bereiken. Onder alle andere natien, welke na de Spaanfe ontdekkingen, hier in gearbeid hebben, is niemant verder gekomen dan de Hollanders; volkeren die hun kennis der Zeevaart, dapperheit in Oorlog, en fnedigheit in de Koophandel, zodanig met hun geluk in ondernemingen hebben weeten te paren, datze alle andere hier in de loef af fteeken.

Hun werkzame geeft heeft na zo gelukkige ontdekkingen echter niet konnen ruften, maar t'elkens nieuwe waaghalzen voort gebragt, om nog verder te zoeken. Het onbekende ZUIDLAND, heeft lang het voorwerp van der zelver toeleg geweeft; doch niet tegenftaande alle aangewende voorzigtige middelen, en wat verder tot ontdekkinge van Landen kan toegebragt werden, nochtans viel altoos die onderneming vrugteloos uit, en was verlore moeiten.

Voor

VOOR-REEDEN.

Voor eenige Jaren had de Oostin-
dise Kompagnie het Schip de *Goude
Draak* van Batavia derwaards gezonden, om de innerlyke stand van dat
Land te ontdekken; t'ontbrak hier
niet aan veelerleye Natien, welke
mede gevoerd wierden, om door hare verandering van spraak de tale
der inwoonders van 't land te kennen, neffens andere zaken tot een
land ontdekking nodig, maar over-
mits dit vaartuig door een geweldige
storm op die kust verbreizeld wierd,
had deze onderneming geen gevolg.
Men vaardigde niet te min het Schip
de *Wakende Boey* van Batavia af, om
de Schipbreukelingen van de *Goude
Draak* af te halen. Maar wanneer
dit by 't wrak kwam vond men niemand, en moesten de Bevelhebbers
van 't Schip, na verlooren arbeid in
't naspooren gedaan te hebben, on-
verrichter zaake weder te rug keeren.
Zeker jongen van de *Wakende Boey*,
zich landwaard in begevende, ge-
raakte verdwaald, en van het aan

* 2   land

land gegane volk af, die, te vergeefs eenige tyd na de Jonge gezogt te hebben, weder zeil gongen. Deze Jongen behelpt zich een langen tyd met het gene hy uit het wrak te zamen fleepte, levende in eenzaamheit als een Koning zonder onderdanen, tot hy eindelyk, door de strand bewoonders van 't Zuitland gevangen werd, doch op eene zeldzame wyze de baarblykelyke dood ontkwam, en in de vryftad *Talouja-El* by den Koning gebragt werd. Hier vefte hy zyn woning, en onderwees de jeugd als Schoolmeefter.

De Heer *de Pofos* met een Schip van Panama naar de Flippynze Eilanden den fteven wendende, werd door hard weer en geweldige ftormwinden tot voor 't *Zuidland* gedreven, en ftapte met 24 man te lande, om die Landftreek t'ontdekken; 't geen dat hen eindelyk zo wel gelukte, dat ze alles ondervonden wat het Eiland, Regering, Volk, Godsdienft, Koophandel enz. betreft. By deze ge-

gelegenheit vond hy ook de Jongen, die van de *Wakende Boei* aan land was gegaan, en nu reeds een man op zyn dagen, welke hem de aantekeningen van zyne zeldzame togt ter hand stelde.

De Lezer zal in 't vervolg veele zeldzaamheden vinden, welke waarlyk niet gering zyn, zo ten aanzien van de goede Politie, de arbeitzaamheit des Volks, de Oorlogstogten, 't leven en afhankelykheit der strand bewoonders, en zeer veel andere aanmerkenswaardige zaken, doormengt met spreuken van derzélver wyzen en geleerde luiden, Hoge Schoolen, en andere nutte lessen meer, die genoeg zyn om nieusgierige onderzoekers gaande te maken; niet tegenstaande de Koning van *Krinke Kesmes* als een hoofdwet verboden had, dat hy gene Europiaanse Natien, aan zyn Land wil dulden: waar toe dien Vorst zyn byzondere reden schynd te hebben.

De schryver heeft ook eenige aan-

te-

VOOR-REEDEN.

tekeningen gemaakt wegens de stromen, Havens, Hoofden enz. van 't *Texel-stroom*, met eenige stellingen om onze landen voor verder inbreuk van 't water te dekken. Hy heeft ook een niet onkundige beschryvinge van de *Scheeps Scheurbuik* gedaan, met eenige aanwyzing om die kwaal te konnen voorkomen enz.

Voor de rest behoefd de Leezer gene hoogdravende styl te verwagten, vermits de Schryver meer op de zaak zelf als op eene sierlyke schryfwyze gelet heeft; en het den Zeeman meer eigen is zakelykheden voor te stellen, dan een opgepronkte taale te gebruiken. Doorleeft, merkt op, en doet 'er u voordeel mede.

H. SMEEKS.

Chirurgyn te Zwolle.

IN-

INHOUD.
DER
HOOFTSTUKKEN.

komt

DERDE HOOFDSTUK.

zwaa-

Inhout der Hooftstukken.

SES-

SESDE HOOFDSTUK.

SEVENDE HOOFDSTUK.

Inhoud der Hoofdstukken.

AGTSTE HOOFDSTUK.

Den Schryver krygd order om met den Garbon naar 't Schip te keeren; alwaar komende het zelve met genegen befchouwd. Tenten aan Strand. Ruiters aan 't Strand. Ryden naar eenige Dorpen, en een Stadt. Den Schry-

Inhout der Hooftſtukken.

Be-

Beschryvinge van het magtig

KONINGRYK
KRINKE KESMES,

Zijnde een groot, en veele kleindere
Eilanden daar aan horende:
Makende t'zamen een gedeelte van het

ONBEKENDE ZUIDLAND.

EERSTE HOOFDSTUK.

*De Schryver werd Soldaat. Raakt met andere
op Zee, en maakt vriendschap met de Onder-
meester. Komt te Kadix; gaat naar Roses,
en komt weder te Kadix. Komt weder in 't
Vaderland, tot Gorkum in Guarnisoen, word
Schryver, en leerd het Kuypen. Leerd de
Mathesis, wert Onderstuurman, gaat naar
Kadix daar hy op een Kantoor komt: ontmoet sijn oude Vrind te Kadix.*

E noodt breekt wetten. En
noodt en nuttigheid, doen een
mens ook veelmaals van raad-
besluit veranderen. Ik die in
de Wereld met weinig geld,

A   en

en geen vrind, die magt of fatfoen befat, be-
gaafd was, moft met mijn feftiende jaar, mijn
fortuin foeken. Mijne Ouders, geringe
Ambagtslieden, voeden my egter op in Gods-
vreefe, of om beeter te feggen in Gods-liefde,
en in deugd te oeffenen, na de Roomfe wijfe. Zy hadden my reedelijk wel leefen, fchrijven, en reekenen laten leeren.

In plaats van my te oeffenen in eenig ambagt, moft ik in 't jaar 1674. met believen
van mijne Ouders, voor Soldaat dienft ne-
men in 't Regiment van den *Graaf van Hoorn*;
wy wierden dien fomer op 's Lands-vloot geplaatft. Den *Admiraal de Ruiter*, zeilde met
zijn vloot na *Martinique*, en den *Admiraal
Tromp* na *Rofes*. Onfe Kompagnie raakte op
het Schip, het *Wapen van Effen*, een fnedig
Fregat; wordende gecommandeert door den
Kaptein *Brouwer* van Edam : het voerde vijftig ftukken kanon, met twee honderd en
tien mannen Scheeps-volk ; en van ons Regiment derdehalve Kompagnie Soldaaten.
Onder de twee honderd en tien man Scheeps-
volk waren ook een Oppermeefter, een Se-
cunde, en twee Ondermeefters ; waar van
eene van de twee laatften, in *Overyffel* gebooren was. Ik een gefwel op mijn regter
fchouder krijgende, geneesde hy my dat voor
niet, dus kreeg ik gemeenfaame kennis aan

hem

hem, zo veel mijn geringe ftaat toe liet.
Hy ftudeerde byna geduirig, en leende my
verfcheide reisboeken, van de eerfte reifen
der *Hollanders* naar *Ooftindien*, dien ik voor
tijdverdrijf las. Door dit leefen wierd
mijn luft tot leefen nog meer aangezet. Maar
tot *Kadix* komende (na dat wy de Eilanden
van *Belle Ifle* en *Narmontiers* in de bogt van
Vrankrijk ingenomen en weederom verlaaten
hadden) raakten alle de Soldaaten van ons
Regiment van ons Schip op andere Scheepen.

De geheele Vloot trok Straatwaard in,
naar *Rofes* : het wapen van *Effen* met het Schip
de *Koningin Chriftina* van 't *Noorder-quartier*
bleven voor *Kadix*, het nauw van de Straat,
en verder op de Spaanfe Silvervloot kruiffen,
die daar verwagt wierde. Dus moft ik tot
mijn grote droefheid, een Vrind die my zo
nodig was, nevens het vermaak van leefen
miffen. Dog ik had van hem geleerd, dat
het zeer nut en eerlijk was, met het teegen-
woordige vergenoegd te zijn : dat is, men
moet zig na den tijd voegen; dat ik door
nood geperft doen moeft. De Vloot uit de
Straat weeder keerende, kwam ons Schip,
met eenige andere, onder den Vice Admiraal *de Haan* in de Bay van *Kadix* weeder ten
Anker, daar wy het wapen van *Effen* en de
Koningin *Chriftina* weder vonden. Ik had

A 2   geon

geen geleegentheid om aan haar boord te komen, dog verſogt mijn Kapitein, dat als de
ſloep aan land voer, dat ik dan meede mogte
vaaren, om de Stadt eens te beſien; dat hy
my toeſtond. Dien ſelven dag voer ik met
de ſloep na de Stadt. Ik daar noit geweeſt
hebbende, ging de Stadt al ſoetjes wandelende beſien, zonder geld, of kennis, dus
al voortgaande kwam ik op de markt, daar
ik mijn ouden Vriend, en goeden Meeſter
zag. De blijdſchap gaf my vleugelen aan
mijne voeten, ik vloog hem na, en greep
hem in mijne armen, de traanen ſchooten uit
mijn oogen, en ſchreijende, zei ik, o! God
dank mijn lieve Meeſter, dat ik u geſond
weeder zie. Hy my anſiende, wierd ontroerd, hy vraagde my wat ſchort u? waarom ſchreid gy? Ik antwoorde van blijdſchap,
om dat ik u geſond weeder zie. Hier op no-
digde hy my met hem te gaan, en vroeg of
ik al gegeeten had? Neen, zeide ik, het is
nu twee uuren na de middag, te vier uuren
moet ik weer na boord, daar zal ik wel wat
eeten krijgen. Hy vraagde my na onſe reiſe,
die ik hem al gaande veitelde, ook dat wy
zeer veele zieken op ons Schip hadden. Hy
vraagde vorder, of ik ook ziekte of acciden-
ten geduurende de reis gehad hadde, en of
ik nog wel met mijn Kapitein ſtond? Ik antwoorde

woorde dat ik altijd gefond was geweeft, en
dat mijn Kapitein my verlof had gegeeven
om aan land te mogen gaan, en de Stadt
Kadix eens te zien, dat hy aan geen ander
Soldaat wilde toeftaan. Dat behaagden hem
zo wel, dat hy my twee ftuivers gaf, zeggende gaat daar by dien Bakker, dien hy my
wees, en haal my voor die twee ftuivers
brood, dat ik aanftonds deed, en hem dat
met eerbiedigheid willende overgeven, zeide hy, gy zuld dat op eeten, en daar is een
quartjen, (zijnde een vierdepart van een rijks-
daalder, of van een Spaans ftuk van achten)
verteerd dat op mijn gefondheid, en zo onfe
fe Sloep na u boord gaat, zal ik u nog bedenken.

Denkt hoe blyde dat ik was, want ik had
geen geld gehad, als van te voren eer dat ik
in Zee was gegaan tot nu toe. Ik zei met
een zugt, ag! mijn goede Meefter, dit, en
al wat gy aan my gedaan hebt, hoope ik dat
God u loonen zal, ik wil God voor u bidden, ik wil al voor u doen daar ik bekwaam
oe ben, gebruikt my tot u dienft, ik zal 't
altoos gedenken, en als ik kan u weder vergelden. Den Meefter zeide, maakt zulk
een getier niet, gaat nu u 's weegs, God
geeve ons beide behouwen reis, als ik u in 't
Vaderland weder ontmoete, dan beloove ik

A 3   u alle

u alle vriendfchap en dienft te doen, die in mijn magt is; gaat heen, en vaart wel.

Hy fcheide van my, ik zag hem zo lange na, tot hy een ftraat infloeg. Ik verzugte, en wenfte hem in mijn herte alle heil en zeegen. Ik ging voor twee ftuivers wijn tot mijn brood drinken, en voer ten vier uuren met onfe floep weer naar boord toe.

Na eenige daagen moeften wy door ordere van den Vice-Admiraal de *Haan* uit de Bay vertrekken. Het wapen *van Effen* met 8 a 10 Oorlogfchepen, en de *Smirnafe* Vloot en andere Koopvaarders onder 't voornoemde Konvoi van de *Haan*, daar laatende. Ik hoorden naderhand in 't Vaderland, dat zy by vergiffing in 't verkeerde Kanaal hadden geweeft, alwaar 't wapen *van Effen* zijn groote fteng en kolderftok verloor, moetende het roer met talis regeeren.

Ik in 't Vaderland gekomen zijnde, wierden wy in de Stadt *Gorkum* in Guarnifoen gelegt. Mijn Kapitein maakte my Schryver van zijn Kompagnie, zo dat ik geen wagten behoefde waar te neemen.

Mijn Ouders hadden my deugdig op gevoed; door deugd en naarftigheid, won ik de herten en liefde van alle mijne Officieren en Soldaaten. Ik overdagt zeer dikwils mijn tegenwoordigen ftaat, en alzo ik geen Vrinden

den had, voorzag ik dat ik niet vorder als
Sargeant, door gunft van mijn Kapitein (op
zijn alderbefte uivallende,) zoude konnen opklimmen.

Alzo ik weinig te doen had, ging ik eerft
om tijdverdrijf, daar na uit luft en iver altijd ter Kerken; dit wierd by my een gewoonte, zo dat ik geen eene Mifle of Pre-
dikatie verfuimde. Dit behaagde mijn Kapitein wonder wel, die daarom ook mijn
foldie verhoogde tot op drie gulden. Ik
kon van twee gulden leeven, en zond daarom aan mijn Ouders alle maanden vier gulden. Dit behaagde, en loonde my God en
de menffen, want God zeegende my op een
uitneemende wijfe, met vergeldinge volgens
zijn vijfde gebod.

Mijn Kapitein niet gierig zijnde, gaf my
zijne half gefleeten kleeren. Nu kwam ik
voor den dag als een Kadet, en kreeg daar
door, als om mijn geduurig te Kerken gaan,
kennis aan een Priefter; een zeer eerlijk,
geleerd en oud man : Hy mijn levens loop
verftaan hebbende, noode my om alle maan-
daagen, en vrydaagen, des middags by hem
te komen eeten, dat ik aan nam, en deed,
waar door mijn Kapitein my nu nog meer
beminde als voor defen.

Ik had mijn quartier by een Kuiper, een

oud eerlijk Borger man, alwaar ik voor tijdverdrijf hem hielp hoepels schillen, ontbas-
ten, of wit maaken; ik kreeg om tijdverdrijf
een schootsvel voor, en kreeg zulk een lust
in 't kuipen, dat ik niet alleen een band wel
konde leggen, maar staaven bereiden, een
putse, emmer, anker &c. maaken.

Ik had te meerder lust hier toe, om dat
ik in *Spanjen* verstaan had, dat de *Spanjaards*
zeer jeloers zijn, om vreemde Natien mede
te neemen na *America*, ja dat het haar by
Plakkaat verbooden is; maar dat zy by gebrek
wel een Meester kuiper, of Trompetter van
een vreemde naatie meede naamen. Ik dagt,
het mogt my nog te pas komen.

Mijn Priester dit hoorende, en mijn
meining afvraagende, geboød my, dat ik
voortaan nog twee daagen in de week kuipen
zou, en mijn overige tijd in de Mathesis of
Wiskunst besteeden; dit noemden hy de
Ziel van alle Weetenschappen: dog hy recommandeerde my, niet buiten den wille
van mijn Kapitein te doen; deesen was ik
gewend alle avonden op te wagten, en mijn
dienst aan te bieden. Mijn goede Kapitein
zogt, en deed nevens den Priester alles goeds
voor my, zo veel hun mogelijk was.

Mijn Priester was met my zo ingenomen,
dat, als wy alleen waren, hy mijn altijd
Gods-

Gods-kind noemde, om dat ik mijn Ouders
zo lief had en goed deede, en hem, en mijn
Kapitein gehoorſaam was : hy verſorgde my
een goed Mathematicus, lit van zijn Kerke,
welke my voor niet, en egter met luſt en
iver, zodaanig onderwees, dat ik met verſtand, de ſes eerſte Boeken van *Euclides* af
deed. Daar na leerden hy my de Algebra,
de regte, en de klootſe drie-hoeken, en op
't laaſt de geheele Stuurmanſchap van *Gieter-
maaker*; dit laaſte viel my zeer ligt, om dat
ik de waare fundamenten al geleerd had. Ik
deed tot *Rotterdam* een Stuurmans examen,
tot zeer goed genoegen van den Examinateur
en toehoorders.

Mijn goede Kapitein, (hoewel ongaarne)
gaf my op 't vriendelijk verſoek van den voor-
noemden Prieſter mijn afſcheid, welke beide
my ook, zo door haar zelf, als door hun Vrinden behulpſaam waren, van my te beſorgen,
dat ik op een Koopvaardyman van *Rotterdam*,
voor Onderſtuurman naar *Spanjen* raakte. Tot
Kadix kómende, maakten ik kennis met een
rijk Koopman, daar wy goed voor in hadden; hy handelden ſterk op *America*. Deeſen mijnen ommegang behaagende, verſogt
my by hem te willen woonen, zo om op zijn
Komtoir te ſchrijven, als om opſigt op zijn
Koopmanſchappen te neemen.

A 5 Op't

Op 't eerste verfoek, ontfloeg my mijn
Schipper, met alle vrindfchap, alzo zijn oude
Stuurman die voortijts met hem gevaaren had,
aldaar fchaaloos, los, of huurloos was, om dat
zijn Schip voor enige daagen door ftorm op *los
puercas* was gebleeven. Deefen trad in mijn
plaats te Scheep, en ik by mijn Patroon,
daar ik na zijn genoegen, en mijn vermoogen
leefde. Na anderhalf jaar, kon ik de *Spaanfe* Taal volkoomentlijk fpreeken, leefen, en
fchryven. Mijn Patroon was my dikwils aan,
dat ik in zijn dienft, met de Gallioenen na
America zoude gaan, beloovende my veele
zaaken, welk alles ik in bedenken nam.

In 't jaar 1678. in Maart, tot *Kadix* een
ftraat paffeerende om na een van onfe Pakhuifen te gaan, zag by geluk mijn ouden Vrind
den Meefter. Ik ylden hem agter na, groe-
te hem beleefd: dog hy my aanfiende, be-
tuigde my niet te kennen, om dat ik na de
Spaanfe moode zeer wel gekleed was, met
mijn mantel, deegen, en ponjard wel opge-
fchikt. Wanneer ik my bekend maakte,
was hy zeer wel voldaan, dat het my zo wel
ging. Ik verfogt hem een glas Engels bier
met my te willen drinken, dat hy vrinde-
lijk deed. Wy in de herberg komende,
was het onderwerp van ons difcours, van ons
eerfte reis in 't jaar 1674. Daar na wat ons
zeedeld

zeederd dien tijd al weedervaren was. Eindelijk kwamen wy te ſpreeken van *America*.

De Meeſter, wiſt ik, was altijd een groot liefhebber geweeſt van platte Land -en Zeekaarten, want hy voerde zelf een Atlas meede, door hem zelf met waaterverf afgeſet, of verligt. Voorts zo vele reisbeſchryvingen als hy wiſt te bekomen, van zulke als hy nog niet geſien had, deſe las hy met groote opmerkinge.

Ik ſtelde hem mijne zaaken voor, zo kort als ik konde; na alles wel overlegt te hebben, raaden hy my, dat als ik voor Factoor van mijn Patroon derwaarts konde komen, op een eerlijk tractement, ik zulks doen zoude, doch dat ik my aan geen lange jaaren zoude verbinden, maar dat ik ten langſten na een jaar verblijf weer met de Zilvervloot na *Spanjen* zou mogen keeren, of langer te blijven, naar mijn keur. Zulk een reis na *America* oordeelden wy te zaamen, dat my voordelig zou zijn, en my ligt in 't toekomende een rijkdom toe brengen. Ik overweegde dit by my ſelf, en kwam daags daar dan, aan zijn boord: hy was op 't Landsſchip *den Prins te Paard*, dat gecommandeerd wierd door de Kapitein *Jan Minne van Haarlem*, die als Kommandeur, de *Smirnaſe Vloot* naar *Smirna* zou Konvojeren. Wy als goede vrinden malkander ontmoet hebbende, ging ik met een Bark weerom na de Stadt. Wy kwamen daaglijks by malkander, zo aan land, als aan boord, want de *Smirnafe* Vloot bleef drie weeken in de Bay.

TWEEDE HOOFDSTUK.

Befluit van den Schryver om naar Porto Bello en Carthagena te gaan : werd in een Spanjaard veranderd. Vertrekt naar Porto Bello, voorvallen aldaar, en weederkomft te Kadix. Tweede togt naar America. Komt te Porto Bello en Panama ; en andermaal te rug te Kadix. Trekt naar Holland. Koopt zijn Vader de koft, en refolveert weer naar America te trekken. Komt tot Amfterdam, en vind by geval zijn ouden Vriend. Verzoekt van deefe de zeeve ftellingen van 't Zuidland, zo als hy die aan de Heer Burgemr. had overgehandigd. Een nette befchryving van de Scheurbuik, en Scheeps-ververfing.

MYn befluit naar *Porte Bello* te trekken nu willende werkftellig maaken, refolveerde ik in dienft van mijn Patroon, en niet in die van de Koning derwaards te trekken. Doch om dit te volvoeren was raad noodig,

noodig, alzo weinig andere als geboren *Spanjaarts* toegelaaten worden om daar na toe te moogen gaan; behalven dat by gebrek een Meester kuyper of Trompetter wel meede genomen word. Ik sprak het Spaans zo goed als het Neerlands. Geen *Spanjaard* kon aan mijn taal hooren dat ik een vreemdeling was: daarom reisde ik dikwils in dienst van mijn Patroon, te lande van *Kadix* na *Mallega*. Ik was gewend mijn weg te neemen over die plaatsen daar mijn Patroon op handelde. Dies nam ik gemeenlijk mijn weg van *Kadix* op *Porto de St. Maria*, van daar op *Xeres de la Frontera*, dan op *Medina Sidonia*, van daar op *Martos*, zijnde een fraai Dorp in *la sierra de Ronda*, dat ten naasten by half wegen tusschen *Kadix* en *Mallega* legt. Hier woonden een Weerd of Hospes, daar ik altijd logeerde, genaamd *Juan de Posos*. Deese was eenigsins verwandt aan mijn Patroon: Ik en hy noemden malkanderen altijd Cousijn, zo dat veele Boeren niet beeter wisten of wy waaren vrienden; dit geschieden half uit boerterye, en half uit geneegendheid. Nu begonden wy malkanderen in ernst zo te noemen. Ik had een brief aan hem van mijn Patroon, dien hy in mijn weerom reis van *Mallega* na *Kadix* zoude beantwoorden, gelijk hy ook deede. Want in mijn weerom reis behandigde hy

hy my een brief aan mijn Patroon, daar in
noemde hy my zijn Neef, met de naam als
de zijne *Juan de Posos*, en recommandeerde
my aan mijn Patroon met allen ernst, ten
einde hy my goed zoude doen.

Ik te huis komende, overhandigde deesen
brief aan mijn Patroon. Nu was ik in een
Spaanse boeren soon veranderd.

Mijn Patroon, die ook zeer sterk op *Sivilia* handelde, zond my daarwaarts by zijn
Neef, een magtig rijk Koopman, die met
hem in kompagnye op *America* handelde:
Ik bragt een brief aan hem van mijn Patroon,
en een van mijn nieuwe Spaanse Neef den
Boeren waard *Juan de Posos*. Hy ontving
my met alle liefde en goedheid, en deed my
alles wat ik kon verwagten.

Ondertussen dat ik tot *Sevilia* was, wierd
alles klaar gemaakt, zo de koopmanschap,
als mijn persoon aangaande.

Ik vertrok dan met de Gallioenen in 't jaar
1679. Bevel hebbende, dat ik eerst tot
Porto Bello, en dan tot *Carthagena* moest huis
houden, daar ik behouden aan kwam, en
mijn zaaken tot vergenoegen van mijn Patronen verrigtede. Ik bleef twee jaaren tot *Porto Bello*; daar ik met de Indianen veel verkeerde, ook nam ik een Indiaan tot mijn
knegt; en alzo ik veel by de Indianen landwaard

waard in, een stillen handel dreef, leerden
ik de Landtaal, dat my behaaglijk en veeltijds
voordeelig was.

Hier zoude ik een beschryving van *Porto
Bello* en de landen daar om heen konnen maaken, en vorder *America* beschryven, zo verre ik ben geweeft, maar dit is mijn oogmerk
niet, om dat zulke beschryvingen zo veel
gedaan, als uitgefchreeven zijn, en ik dien
aangaande niet nieus aan den dag zou brengen.

Ik kwam dan, na twee jaren tot *Porto Bello* gewoond te hebben, tot *Carthagena*, van
waar ik na verloop van een jaar, weeder tot
Kadix met een goede handeling die mijn beide Patroonen wel behaagden, behouden aan
kwam, in 't jaar 1682.

Behalven mijn bedongen gagie, deeden
mijne beide Patroonen my nog een aanmerke-
lijke vereeringe, met aanbiedinge, indien
ik weder derwaards wilde, zy niet alleen
mijne gagie confiderabel wilden verhoogen,
maar nog daar en boven, dat ik een zeeker
voor af bepaalde gedeelte in de Koopmanfchap
zelf zoude hebben. Dit was bedenkens waard.

Nu was ik al zo ver opgeklommen dat ik
credit had, by mijn Patronen en andere
Koopluiden; want ik wierd aangemerkt als
een eerlijk man, die als onder Koopman,
Boekhouder, of groot Meefter knegt ageer-
den,

den, want ik handelde veel geld voor mijn Patroonen, en ook eenigsins voor my zelf.

Mijne Patronen kwamen met my over een, dat ik in 't jaar 1684 weer na *America* zoude vertrekken, maar met meerder magt en vryheid, als te vooren op mijn eerste togt gehad had. Ik vertrok dan in 't gezeide jaar; en kwam behouden weeder tot *Porto Bello*. Mijn Patroonen hadden hier een eigen Huis, en twee Pakhuifen; waar in ik als vooren mijn verblijf nam.

Ik heb gezegt, dat ik in mijn eerste togt veel stille handel landwaarts in deed, dat ik nu weer aan ving, om dat de Indiaanse taal die ik grondig verstond, my geen klein voordeel aan bragt. Ik kreeg dan lust, door de winst aangemoedigd, hoe langer hoe dieper landwaard in te handelen, tot dat ik eindelijk besloot om *Panema* aan de Zuidzee te gaan besoeken; om te sien wat ik daar voor handel zoude konnen doen. Ik wist dat al het Silver van *Peru* daar wierde ontscheept, en dan over land van daar na *Porto Bello* gebragt; dit my anmoedigende, vertrok ik over land van *Porto Bello* na *Panama*, om daar te weesen teegen dien tijd als de Silvervloot van *Peru* aldaar is gewend aan te komen. Daar komende, dede ik goeden handel. Hier hoorden ik, dat van *Panama* ook handel

handel gedreeven wierd over de Zuidzee, in
de *Philippijnse* Eilanden. Ik had wel luft om
daar heen te reifen, maar derfde my zonder
laft van mijn Patroonen, zoo verre van haare
goederen niet afzonderen: daarom ging ik
met mijn koopmanfchap weeder over land na
Porto Bello. Nu was het in 't jaar 1688.

Alle jaaren zond ik mijn negotie met de
Gallioenen over met goede winft, tot ik in 't
jaar 1694. zelf meede over kwam. Ik wierde met alle liefde en geneegendheid van mijne Patroonen ontvangen, en ik genoot van
haar wat ik begeerde. Wy in 't voorfte van
't jaar 1695. te zaamen gereekend en alles ver-
effend hebbende, zoo fchoot voor my een
brave fomma over, zoo van mijn bedongen
loon, als van mijne gedaane koopmanfchappen.
Ik kreeg luft om over *Porto Bello* en *Panama*, de *Philippijnfe Eilanden* te gaan bezoeken; en alzoo ik geen geneegendheid tot trouwen had, wilde ik mijn Ouders in mijn Vaderland nog eerft gaan zien, ten einde, zoo
zy nog leefden, ik haar mogte verforgen.
Dog wierd belet zoodaanig, dat ik niet eer
als in 't jaar 1696. in Mey eerft in *Holland*
kwam. Ik reisden voort na mijn oude en
lieve Ouders. Daar koomende, verftond ik
dat mijn Moeder overleeden was. Mijn
Vader was oud by de zeftig jaar. Ik ging

na zijn wooning, hy kende my niet meer, ik
my bekend maakende, was de oude Man zoo
verblijd, dat hy my omhelsende, besturf
aan mijn hals; wy schreiden te zaamen. Na
dat wy beide bedaard waaren, liet ik wel op
dissen, verhaalden hem mijn weedervaaren en
voorneemen; namelijk dat ik hem voor zijn
leeven verzorgen wilde, 't welke de grootste
oorzaak van mijn overkomste was. Ik kog-
te hem dan de kost in een goed Gast-of pro-
veniers-huis, leggende nog ses honderd guldens voor hem op lijf-rente; en hem voort
verzorgende van alles wat hy noodig had.

Hy verblyden hem in zijn oude daagen,
dat ik hem zoo wel verzorgd had, en ik ver-
heugde my nog meer, dat God my geleegendheid gegeeven had, van mijn lieven
Vader zoodaanigen dienst te konnen doen; ik
had hem met een goed herte lief, zoo als een
deugdig kind schuldig is. De tijd van mijn
vertrek naaderde en kwam, ik nam afscheid
van mijnen ouden lieven Vader, dat niet zonder schreyen van heete traanen aan weerzijden
toeging, want hy weetende dat ik gesind was
om weeder na *Westindien*, en misschien verder na de *Philippynen* te gaan. Ons afscheid
neemen geschiede van weerkanten met veel
teederhertigheid, vermits ik de oude Man
lief had; ik vereerden hem nog twintig Du-
caten

caten met eenige Rijksdaalders, en dus scheiden we vergenoegd, dog bedroefd van malkander.

Ik kwam tot Amsterdam in de maand Jupy 1696. Hier vond ik mijn ouden trouwen Vriend voor de deur van *N. Visscher* staan, siende na een nieuw uitgekoomen Kaarte. Ik hem al lacchende de hand toereikende, kenden hy my voort. Wy omhelsden malkander met Hert en armen, en gingen terstond na een Herberg, een kaamer alleen eissende, daar wy van vier tot agt uuren bleeven. Noit konden twee broeders malkander vrindelijker ontmoeten, als wy met goede herten deden. Wy vertelden malkander ons wedervaren. Ik had zoo lang in Westindien geweest. De Meester had al een Vrouw met drie Kinderen, en was Meester in een zeer vermaakelijke Stadt, daar hy gebooren was. Wy gingen te zaamen na zijn Herberg, daar ik by hem sliep; wy hadden den geheelen nagt zoo veel malkander te vertellen, dat wy nauwlijks tijd tot slaapen over hadden. Dog de Meester moetende binnen twee a drie daagen weeder na zijn huis vertrekken, moesten wy onse ernstige zaaken kort verhandelen.

Ik vraagde de Meester om welke reeden hy tot Amsterdam was? hy antwoorde, dat hy daar was gekomen om eenige Medica-

menten

menten te koopen, alzoo hy als een halven
Apotheker meede handelde; maar dat hy
voornaamelijk was gekoomen, om eenige ſtellingen tot het ontdekken van 't Zuidland voor
geld te demonſtreren, dat hy die aan een zeer
voornaam en beroemd wijs Heer in de Regeeringe had overhandigd, met verzoek dat
hy tot de demonſtraatie mogte worden toe
gelaten. Dien voornaamen Heer de ſtellingen ziende, keurde die zeer goed, en vraagde of hy die wel konde demonſtreren. Het
antwoord van de Meeſter was, dat hy tot
dien einde in Amſterdam gekoomen was.
Waar op dien Heer had gezegt, gy komt
te laat, de *Vlaamink* is daar al na toe; de
Meeſter antwoorde daar op, ik koom niet
om meede te vaaren, maar om voor een zeekere ſomma deeſe ſtellingen te demonſtreren, goed of geen geld.

Daar meede ging hy heen, en in paſ-
ſant zag hy een Kaarte voor 't Huis van
N: Viſſcher, daar hy die beſiende ik hem
vond ſtaan.

Ik verſogte hem des morgens die ſtellingen te moogen zien, en uit te ſchryven,
welk hy my zeer garen toe ſtond, en voort
zijne papieren aan my overhandigde.

De

De stellingen waaren de volgende zeeven.

Consideratien over naader aandoeninge van 't
Zuidland, waar in gelet word op naarder
reguleering.

1. *Van Passen, Octroyen, en Zeinbrieven.*
2. *Van de Scheepen, haare groote, hoedaanig-*
   heid, en monture.
3. *Wat Manschap en Instrumenten meede te*
   neemen.
4. *Op aandoeninge van vreemde Kusten, en om*
   binnen in dat land te koomen.
5. *Hoe, en op wat wyse met de Menssen han-*
   del te Zoeken, ofte krygen.
6. *Van Amonitie, Victalie, Medicynen, en*
   Ziekten.
7. *Te toonen, dat Matroosen en Soldaaten met*
   minder geld als bedongen hebben, konnen
   betaald, en vergenoegd gesteld worden.

Ik verwonderde my, dat hy niet ter examen wierde toegelaaten, te meer, om dat
hy zeide, dat hy dit tot genoegen zoude de-
monstreren, of by faute van dien, dat hy
geen geld zoude begeeren.

Ik merkte het zesde Articul met aandagt
aan, my dogt dat zulke zaaken my zelf wel
te passe zouden koomen, zoo voor my; als
ten aansien van mijn goede vrinden. Ik

B 3 verzog

verzogt mijn goeden vrind, dat hy my een
befchryvinge van de Scheeps Scheur-buik,
nevens een ververffing altijd binnen Scheeps-
boord te konnen hebben, tot verkwikking
en voorkooming van ziekten, zoo als hy
hem in dit zesde articul verklaarde, wilde
ter hand ftellen. Dat hy my voort, en gewillig toe ftond, gevende my terftond uit
zijne papieren, het Kapittel van de Scheeps-
Scheurbuik &c. Dog onder beding dat ik
geene medicijnen mogte openbaaren, maar
die aan mijn eigen lighaam, en als onbekend
aan mijn goede vrinden zoude moogen gebruiken.

Het Kapittel van de *Scheeps-Scheurbuik* was
het volgende.

(a) Mijne bedenkingen, die ik eertijds op
mijn voorige togten op Zee, over de *Scheeps-
Scheurbuik* gehad hadde, zoo van haare oorzaaken, voortkoomingen, als geneefinge,
wierden hier nu meerendeels bekragtigd.
Zeer nauw had ik nog te Scheep zijnde, agt
gegeeven op de Scheeps-Siekten in 't gemeen: maar byzonder de *Scheeps-Scheurbuik*, welke zig gemeenlijk op volgende
wijfe openbaarde.

De *Scheurbuikige* wierden eerft loomagtig,
met weinig trek tot eeten, hun gezigt ftond

droe-

(a) van de Scheeps Scheurbuik.

droevig, zy waaren huiverig; als of zy zom-
tijds binnen-koortsen hadden, ook wel koort-
sig: haar mond stonk, om dat haar maag-
zap bederfde, het tandvleis wierde aangedaan, dat swellende, bloed en rottig wierd,
en ligt bloedende. Zy sweeteden veel, de
pis was rosagtig, en de adem wierd allens-
jes benauder.

Eenige, wiens maag-zap nog scherper
wierd, vraaten wel vier mannen kost; de
pols sloeg niet altijd doorgaans, maar was
veeltijds onwis, zy wierden maager.

Uit dit alles is bevatbaar en klaar, dat de
Scheeps-Scheurbuik is *een kwaade upedinge des
lighaams*, zoo als veele geschreeven hebben.
De *Oorzaak* is dikte, en lijmigheid van 't
bloed, of zenu-zap, of die beide. Deese
besetten, en verstoppen de ingewanden, vaten, en klieren.

Welk lijmig vogt, scherper wordende,
bijt, knaagd, maakt pijn, honger, en andere toevallen.

Deese niet geneesende, volgt onvermij-
delijk de dood.

De *Fermentatie*, *effervescentie*, vlugge zoute zuir swavelige, zout swavelige, en swavelige zoute deeltjes, met een lengte van
&c. &c. &c. Want zy behooren meer tot
de *Chimische*, en *Philosophische* stellingen,

als tot de waare ervaarentheid der geneefinge
van de *Scheeps-Scheurbuik*, dus vind men de
beſte Stuurluiden altijd aan land. De erva-
rendheid is hier, als ook in de meeſte doeningen, de beſte leermeeſtereſſe.

Binnen Scheeps-boord dan, worden in de
Scheurbuikige, de te dikke en lijmige vogten
gebooren, uit volgende drie oorzaaken.

1. *Door gebrek van waater onder de vogten
te hebben.*

2. *Door 't eeten van oude, ſchimmelige, of
bedorven ſpijſe.*

3. *Door ſtil zijn en zig niet te oeffenen.*

Men lijd *gebrek van waater onder de vogten*,
om volgende oorzaaken.

1. Door 't nuttigen van te weinig waater.

2. Door 't nuttigen van bedorven, of rottend waater.

3. Door 't eeten van al te drooge koſt.

4. Door te veel ſweeten, door loom of
makheid, of

5. Door te veele, ofte ten ſterken arbeid.

6. Door al te heeten lugt.

Ik meen de beſpiegelinge van zoo veele
deeldjes onſer zappen minder aan te roeren,
als nu de moode is. Ik weet dat ons bloed,
uit een dunne wei, of vloeibaar nat, met
ronde

ronde roode balletjes, en langagtige dunne
draadjes te zaamen gezet is.

Voorts dat in deefe mengeling, geeft,
waater, fwavel, zout, en aarde is, ontkenne
ik niet. Want de Gal word uit het bloed af-
gefcheiden, zoo wel, als een meenigte andere vogten.

Maar befiet gijl, of bloed, hoe weinig
of geen Galle is daar onder te zien, te proeven, of te ruiken, zoo lang als 't bloed wel
geméngd is.

Even gelijk als de booter onder de melk,
zoo lang zy in de borften ofte uyers zit, niet
toonbaar is. Maar uitgemelkt zijnde, en
dat haar ftilftand met bykooming van de lugt,
een ontbindinge in haar te zaamenftel gemaakt ofte veroorzaakt heeft.

(b) Hier is dan de kwaade menging. Want
kwaade menging is, als de deeldjes onfer vogten, op die plaatfe niet bewoogen worden,
daar zy in een gefonden ftand, na haar gemee-
nen reegel, en haar order moeften geplaatft
zijn; zoo dat op d' eene plaats meer dun,
en op een andere plaats meer dik, of andere
deelen te veele, of te weinig geplaatft zijn.

Even gelijk als in melk, die gemolken
zijnde, en ftil ftaande, veele lugt-deelen
ontvangd, waar door de aardagtige deelen

B 5 van

(b) Wat kwaade menging is.

van de wei en de room van die beide afgefcheiden word.

Deefe wanorder drukt de geeftige of vui-
rige deeltjes zoo zeer, dat zy de verdikte,
taye flijmerige vogten, niet konnen ver-
dunnen, maar die geftuit wordende, zoeken die eenen oopenen weg, en zy raaken
zoo buiten het lighaam.

Zulken ftilftand, kan immers in de be-
weegende vogten onfes lighaams niet zijn,
of die zouden moeten rotten, ftinken, ver-
fterven, en dus de dood te weege brengen.

Dat Zeemans lighaam kwaalijk gevoed,
en dan maager word, dat meene ik dus te
gebeuren.

De maage is de keuken des lighaams.
Deefe befluit in haar binnenfte altijd een
ferment, of maag-zap, het welk te zaamen
is gefteld uit overgebleeven gijl, fpog, en
klier-zap, dat uit des flokdarms en maag-
klieren geduurig uit lekt.

Dit maag-zap is altijd zuur, en kleinft de
fpijfe door fijn fcherpte, by form van uit-
trekkinge, eeven gelijk als loog of brandewijn de verf uit faffraan trekt, of zoo als
men zommige waaterverven tin&tureert.

Dit maag-zap door gebrek van waater,
en het nuttigen van oude of bedorven fpijfe,
word daar door nog meerder zuur, fcherper,

per, en dikker, of lijmiger, zet hem dan
vast in de ploijen der maage, en belet dan
zoo den honger in 't begin der ziekte. Deese slijm vermeerderende, beset ook de dermen, waar door de spijse in de maage niet
wel gekookt wordende, geeft dan kwaade
en weinige gijl. Zulke gijl dan nog in de
dermen koomende, kan daar van, maar zeer
weinig in de daar zijnde melkvaatjes geperst
of gezoogen worden, om dat die meest haare mondjes, met de voornoemde taye slijm
bezet, en als geslooten zijn.

Ziet dus word Zee-man maager, door gebrek van voedsel. Indien nu deese *Scheeps-
Scheurbuik* niet wel word behandeld, het zy
door onkunde, of by gebrek van middelen,
dan moet die van kwaad nog arger worden,
en veele toevallen veroorzaaken. Dat dus in
zijn werk gaat.

Het slijm zet hem hoe langer hoe vaster
in des maags ploijen, en word hoe langer
hoe dikker, krijgd dan daar door zijn vast
of stilzitten, een soort van verrottinge, zoo
als uit den assem blijkt. Want alle gemengde vogten verderven of verrotten door
stil staan.

De verrottinge, is een ontbindinge, van
eenige te zaamen gesette deeltjes, deese in
haar eerste enkelheid brengende.

Ofte,

Ofte, het is, een algemeene vernietiging, en verbreekinge des eerften ftands der menginge, en hegtinge der deelen.

Deefe vogten worden daar van tijd tot tijd al fcherper, en nog fcherper aandoende de vliefen en kliertjes der Maage, met een prikkelende bijtinge, of fteekinge, die de mondjes der kliertjes befchaadigen.

Dan laaten de kliertjes haar zap uit lekken, waar door de dikke flijm los weekt, en dan los zijnde, by brokken of lappen naa de darmen marcheeren.

Nu is, en word, het binnenfte Maagvlies op veele plaatfen zeer veel ontblood. Daar op bijt, en knaagd, het al te fcherpe Maag-zap : dat den grooten honger dan veroorfaakt. En naar maate dat de Maag veel ontblood, en het Maag-zap fcherper is, daar naa voegd hem, den bynaa onverzaadelijken honger, en zoo veel te meer, als daar gebrek van gijl in 't Lighaam is. En dat weederom naa dat 'er meer of minder gijl-vaatjes verftopt zijn.

Ik heb gefien, dat zoo een vent, een geheele bak, en nog meer poes-pas op vrat.

Word dit fcherp Maag-zap overvloedig, dan beftormd het ook de darmen, en maakt dan alle zoorten van loopen, ofte af-gangen, als toevallen van deefe *Scheeps-Scheurbuck*. Op volgende wijfe.   Het

Het is zeer waarfchijnlijk, en door *Leeu-wen-hoek* getoond dat de flijm, die van binnen de darmen bekleed, beſtaat, uyt verfcheyden zoorten van vaatjes, welke zeer teer zijn.

Het voornoemde fcherpe Maag-zap, nu in de dermen geſtort wordende, bijt, of werkt eerſt, op de zenuagtige vliesjés, der gezegde teere vaatjes dat de buyk-krimpinge maakt.

Voortgaande, doorknaagd het de teederfte vliesjes van de waater-vaatjes, uit welke haar inhoudend zap lekkende, nevens dat uyt de gefchondene kliertjes in de darmen : daar haar met den drek mengende, maakt die dun en vloeybaar. Dat men dan loop, of week-lijvigheyd noemd.

Het vogt nog fcherper, en lymiger wordende, door knaagd, dan ook de gijl-vaatjes, welke uytlekkende gijl, haar dan met den drek mengende, noemd men dat dan de graeuwe loop.

Het zondigend vogt nog al fcherper wordende, dan moeten de bloedvaatjes een beurt krijgen, deefe dan ook doorbeeten zijnde, vloeyd het bloed in de darmen, en zig onder den drek aldaar mengende, geeft dat dan de naam van roode loop.

En dan nog niet geholpen wordende, dan
gaat

gaat dit onbedwingbaare, allerschaadelijkste,
ja doodlijk vogt, op de darmen los; desselfs
vliesen breekende, jaa lappen daar af knaagende
en zoo de darmen doende zweeren, dat dan
de naam heeft van darm-sweer of *tenasmus*.

Hier staan nu de waare oorzaaken van de
Scheeps-Scheurbuik, en loopen, of doorgan-
gangen (die haar veeltijts by de *Scheeps-Scheurbuik* voegen) bloot, en ontdekt.

Nu is het kunstje, of men die Zee-duy-
vels, als gerigtelijk Scheeps-boord kan doen
ontzeggen; en dan voorkoomen, dat men
niet genoodsaakt is, die onwillige, of ongaarne gasten, teegens dank te moeten ontvangen en huysvesten.

Dog zulks met een *heerlijke verversing*, niet
geheel konnende beletten, dat men aan deese schroomelijke ziektens, ras en veylig kan
geneesen, met weyniger omslag als gewoon-
lijk gedaan word.

Eerst meene ik de zaaken aan te toonen,
waar door men zoude konnen beletten, (immers het grootste gedeelte; en meerder als
voor deesen) dat zulke schaadelijke vogten, de
Scheeps-Schurbuik &c. veroorzaakende, niet
of zeer zelden, in des Zee-mans bloed, of
vogten konnen koomen. Ofte egter, daar
nog in sluipende, dat men dan de ingekoomen vogten, gemakkelijker kan doen ver-
huysen,

huyfen, als voor deefen, en dus het Scheeps-
Volk kan gezond houden en bewaaren op
zulk een lange reys. Nu dan tot de zaak-
Ik heb gezegt, dat de eerfte oorzaak die het
bloed verdikt, is gebrek van water.

Om daar geen of minder gebrek aan te
hebben, op zulk een lange reys als deefe naar
't Zuidland, moeften onfe Reeders ons geen
gemeene Vaaten meede gegeeven hebben,
om Orten, Boonen, Grut, Meel &c. in te
bergen; maar in plaats van zulke die daar
toe in 't gebruik zijn, moeft men neemen,
goede Leggers of zoo genaamde Verkens,
welke van Grut, Orten &c. ontleedigd zijnde, kon men die weeder met waater vullen; deefe vaaten zijn daarom niet bedorven,
maar konnen altijd weeder even goed, zoo
voor waatervaaten, als anders, op alle reifen dienen; en zoo men meer ruimte in 't
Schip hebben moeft, zoo koft men na goed
vinden zoo veele noodig waaren, floopen en
bewaaren.

Wanneer men ook diftilleer-keetels meede neemt, die dubbeld of dik vertind zijn,
en men die niet te leedig van waater, of te
hard met vlam ftookt, dan word het over-
gehaalde waater niet kooperig, en by gevolg
niet ongezond.

Dus kan men voor een groot gedeelte
het

het gebrek van waater voor koomen.

. Het nuttigen van bedorven, ftinkend, of rottend waater, dat al lijmig is, eer men het drinkt, en nog meer lijmigheid in de Maage is voortbrengende, kan men voor 't groot-fte gedeelte voor koomen, met alle daagen wat waater op te kooken.

. Want men heeft het hout voor 't hakken, hier door word het klaare van 't onklaare, of 't vuile kwaade, van 't fchoone goede af-gefcheiden, en alle ftank vervliegd door 't kooken. Men moet om 't volk gezond te houden, op zoo een lange reis geen moei-ten ontfien.

Ook zet men op 't halve dek, een groote graauwe Keulfe pot, het waater daar in ftaande, vervliegd veel van zijn ftank, en zinkt de modder na beneeden op den bodem.

De al te drooge koft kan men vervogti-gen, als men geen gebrek aan waater heeft.

Het te veel fweeten, komt door al te fter-ken arbeid, door ten heeten lugt, of door fwakheid.

Al te fterken arbeid kan men maatigen, als men genoeg, en gezond Volk heeft.

De al te heeten lugt verhaaft den omloop, om dat zy de vogten zoo wel verdund als den al te fterken arbeid, en doet daar door den Zee-man flaau en magteloos zijn, door

al

al te sterken of te grooten uitdampinge en sweetinge, waar door de vogten kragtig verminderen, en dus word 'er gebrek van vogten in het lighaam gebooren.

Het schaffen van oude bedorvene schimmelige kost, maakt ook dik, lijmig, en scherp bloed, dog dat is onafscheidelijk van zulk een lange Zuidlandse reis.

Dit zou men eenigsins konnen verbeeteren, als men wat meerder agt deed geeven op alle spijse, en die dikwils deed roeren, verlugten, verschieten, uitsoeken, of schuddende vrijven in sakken, eeven gelijk als de Spoore-maakers haar vertind goed zoo glad maaken.

Dit was een werk voor de Scheurbuikige, om haar zelf wat te beweegen.

De kromhouts-gasten, die haar tijd meer in de kooy, als op het dek doorbrengen, zulke zijn eerder en meerder de *Scheeps-Scheurbuik* onderworpen, als rappe knappe Zeeluiden. Door leuy zijn, en veel leggen, verslijmen de maag-zappen en andere vogten, om dat het lighaam niet bewoogen wordende, de maage die uitwendige drukkinge mist, welke uitwendige drukkinge veel helpt tot de gesting, of tincturecring der gijl, die in de maage geschied. De uitwendige beweeging, ver-

C   wak-

wakkerd ook den omloop onzer vogten,

Hoe hem yemand sterker én meerder be-weegd, hoe de vogten wermer en dunder worden, en rasser of sneller omloopen. Op de zulke kan de *Scheeps-Scheurbuik* zoo ligt niet vatten.

Men kan 't Volk ten allen tijden en plaat-sen alderlei werk geeven, elk na sijn staat of geleegendheid.

Op de reis onderweegen, liet men eeni-ge arbeiden aan 't hout en andere zaaken, dat tot het te bouwen Fort dienstig was.

Op de Galeijen laat men de Slaaven ka-non-kogels schuuren om niet leedig te zijn. Den swabber diend by geleegentheid aan sommige tot zoo een goede en dienstige exer-citie, als het stokvis beuken aan andere.

Het rammassen in *Indien*, word zeer ge-zond geagt, dit kan 't Volk malkander doen: het Opperhoofd kan 't Volk altijd laaten too-veren als 't hem beliefd.

Nu moest 'er een middel bedagt worden, welke kragtig is het bloed en vogten in een goeden staat te houden; dat is, dat men geen gebrek aan vogten lijd, dat onse vogten niet verkouden, verslijmen, en dat zy ook niet te los van te zaamenhang zijn. Dat de vog-ten haar egte en regte menging behouden, zoo als zy in gezonden stand zijn.

Want

Want te weinig vogt, en te weinig werm-te, dat verdikt en verslijmd alles. Al te losse zaamenhang, of al te dunne vogten, ver-sweet men al te veel in de heete climaaten, zy laaten dan haar dikker deelen in de vaa-ten, die de zelve verstoppen. Daar van daan koomen dan *Scheeps-Scheurbuik*, *Loopen*, *Koortsen*, *Waaterzugt*, &c.

Het is aanmerkelijk, dat men ziet dat de *Scheeps-Scheurbuik* door ververssing en arbeid, beeter en rasser geneesen worden als door Medicijnen.

In 't Noorden eet men Salaad van leepel-blaaden, waar van 't Volk ras geneesd.

In 't Zuiden zoeken wy vers waater, Li-moenen, Orangieappels, vrugten, groente, vers vlees, dat onse *Scheurbuikige* ook haast tot gezondheid brengt.

C 3 DERDE

DERDE HOOFDSTUK.

*Redeneering van den Reyziger met zijn ouden
Vriend over de ontdekking van 't Zuidland.
Trekt weer naar Spanjen, en van daar weer
naar Holland. Komt tot Amsterdam, en
ontbied de Meester : beziet het Texel, en
redeneering daar over. Stellingen weegens
de Texelstroom aan de Regeering gepresen-
teerd. Vertrekt weer naar Spanjen, en verder naar Kartagena, Porto Bello, en Panama. Trekt naar de Philippijnen : lijden
zwaare storm, en koomen aan 't Zuidland.*

ONse redeneering van het Scheurbuik
afgebrooken hebbende, en weeder
tot die van 't Zuidland overgebragt,
was mijn vraag aan mijn Vriend, wat gedagten hy had van de reise van de *Vlaamink*,
weegens de ontdekkinge van 't Zuidland?
Hy antwoorde, my dunkt dat de *Vlaamink*
het verwagten van sijne Reeders niet zal konnen beantwoorden, en dat de *Hollanders* zoo
weinig van hem te verwagten hebben, als
de *Engelsen* van haaren *Dampier*.

Ik vraagde de reeden waarom? Hy antwoorde, voor 't eerste zijn deese togten om

't *Zuidland* te ontdekken, niet wel na mijn
dunken aangeleid, en daar 't fundament niet
goed en is, wat kan men van den opbouw
verwagten? Voor 't tweede, hebben de
Engelfen en *Hollanders* misgetaft, in 't ver-
kiefen van Mannen om deefe ontdekkinge
te doen. Hoe! misgetaft zeide ik? het zijn
immers zulke braave Zee-luiden als men zou
moogen vinden. Dat is zonder teegenzeg-
gen waar zeide mijn Vriend, en hoe zy beeter Zee-luiden zijn, die haar jeugd en vorder tijd by der Zee met goede opmerkinge
verfleeten hebben, zoo veel te onbekwaa-
mer oordeele ik haar om Landen inwendig
te konnen ontdekken. Ik vraagde waarom? Hy antwoorde, ik zal u mijn gedagten daar van zeggen, en u toonen, dat het
inwendig Land ontdekken, met de Zee-
manfchap niets gemeen heeft. Ziet, alle
weetenfchappen hebben zeekere grond-be-
ginfels welke yemand eerft moet kennen,
eer hy zig behoorde te vermeeten, die te
behandelen, ofte aan anderen voor te ftellen, en daar toe (om dat wel te doen) word
vereifcht de Natuire, de Onderwijzinge,
de oeffeninge, en dan nog tijd. Eerft zal
ik u zeggen wat een goed Zee-man is, die
een Schip als Opperhoofd commandeerd.
Zulk eenen is, die met goede opmerkinge

van

van der jeugd afgevaaren, de Stûurmanfchap geleerd, het Schip en volk wel gade ge-flaagen heeft, die nu buiten dronkenfchap en korfelheid zijn dingen wel doet, en dan het voordeel van fijne Reeders wel in agt neemt. Alle deefe hoedaanigheeden in een Zee-man alleen zijnde, is vry wel, en zul-ke zijn van d' alderbefte zoorte, en daar ftaan de beide genoemde voor geboekt.

Nu moet ik u nog zeggen waar zulke al-derbefte Zee-luiden bekwaam toe zijn, of wat zy konnen doen.

Ziet mijn Vrind, gy moet een comman-deerend goed Zee-man in zijn Schip aan-merken, byna als een goed Ingenieur in een beleegerde Stadt, zijn doen is, dat hy alle uitwendige rampen voorkoome, of weere zoo veele hem doenlijk is. Zeer dikwils zal een oud bevaaren goed Zee-man een ftorm voorfien, of zoo hem die al te haaftig over-valt, kan hy knap goede ordre ftellen tot Scheeps befte, hy zal voorfigtig zijn in 't aandoen van vreemde kuften, zoo door ge-duurig te laaten peilen, als wel op de naby-heid der ftranden, en diens fteilte of vlakte gaade te flaan. Hy zal altijd op de branding-ge letten, en zoo wel op de vafte, als op de Zee-en Land-winden agt geeven. Hy zal de bekwaamheid der gronden zoo wel als

de

de ftrand, of geleegendheid der bayen, havens, en rivieren aanmerken. Hy zal niet
zonderlings onderneemen, als met overleg
en raad van fijne Officieren. Hy zal het
Schip brengen aan zulk een kuft als fijn
Reeders hem belaft hebben. Voorts dat hy
onderweegen geduurende de reis goede ordre ftelle op 't regeeren van 't Scheeps-volk,
en goede opzigt doet neemen op alle Victua-
li, Amonitie en Koopmanfchappen, eindelijk dat hy hem als een Vader over het
Scheeps-huisgefin gedraagd.

Hier heb ik nu gezegt, alle, ofte de
meefte goede hoedaanigheeden van een goed
Zee-man.

Maar een Land inwendig te ontdekken,
hangt (als gezegt heb) niet af van de Zee-
manfchap, want dat heeft geheele andere
gronden en fundamenten. Dat zou zulk een
man als den ouden Heer *Vander Stel*, Gouverneur aan de *Kaap*, beeter konnen uitvoeren als een Zee-man; hy gaf daar proeven
van als hy het Land der *Kaffers* inwendig
wilde ontdekken.

Want hy het land vry ver ingetrokken
zijnde, wierd hem door fijn Tolken gezegt, dat hy hem ter dood moeft bereiden,
alzoo 'er twee der aldervermaarfte toovenaars
naa hem toe kwaamen, om hem dood te
tooveren.   C 4   Hy

Hy liet de twee swarte tovenaars by hem
koomen, liet haar door zijn tolken vraagen,
of zy tovenaars waaren? het antwoord was
jaa. Hy vraagde haar voorts of zy wel waater konden doen branden, en dan vuir drinken? en zy antwoorden neen. Hy liet hem
straks een glas Brandewijn geeven, en stak 'er
de brand in, en dronk het op. De heeren
Toovenaars dat ziende (en geen Brandewijn
kennende) mikten haar biesen, en gingen
voort.

Op een ander tijd als een zeer groote meenigte Swarten uit nieusgierigheid, hem en
sijn bagagie te naa kwaamen, liet hy haar zeggen, dat hy een God was, en by aldien de
Swarten niet agterwaarts deinsden, hy de
geheele Wereld zou verbranden. Hy deed
een ring bossekruid om sijn bagagie en Volk
stroyen, en stak 'er de brand in. De Neegers dat ziende, gingen op 't rekken, en
zonden straks twee aansienlijke Neegers als
in Ambassade aan de Heer *Vander Stel*, hem
biddende in de naame des Volks, dat hy de
Weereld wilde verschoonen, en niet verbranden, en dat zy hem vorder baaden dat
hy haar Land beliefde te verlaaten.

Hier kwam *Vander Stel* geen Zee-man-
schap, maar verstand en studie te pas.

Wy zouden hier verder over gesprooken
heb-

hebben, maar wierden belet door 't koomen van eenige Vrinden. Wy braaken onfe reedenen af en gingen wat wandelen.
Mijn Vriend vertrok na twee daagen van
Amfterdam naa fijn huis, en ik naa twaalf
daagen naar *Spanjen*. Ik tot *Sivilien* koomende, was onfe befte Komtoir-knegt overleeden, ik moeft op 't Komtoir voort fijn
plaats bekleeden. Naa omtrent vijf vierendeel jaars, wierd mijn Patroon weer een
bekwaam Perfoon aangediend, dien hy met
mijn goedvinden aan nam. Nu kreeg ik
wat ruimer tijd, om op mijn aanftaande reis
te denken. Mijn beide Patroonen en ik,
kwaamen over een, dat ik in 't jaar 1698.
weer met de Gallioenen naar *Porto Bello*,
en van daar over land naa *Panama* zoude reifen, en indien ik luft had naa de *Philippijnen*
te gaan, zoude dat in mijn keur ftaan. Maar
ik moeft in 't voorjaar van 1698. nog eerft
een reisje naa *Holland* doen voor mijn Patroonen. Ik tot *Amfterdam* koomende, reisden voort naa mijn lieve Vader, maar die
goede Man was voor ontrent agt weeken
overleeden. Ik weer tot *Amfterdam* koomende, fchreef aan mijn Vriend, (want nu
wift ik waar hy woonde) dat, indien hy
niet te verzuimen had, of hy dan by my tot
Amfterdam beliefde te koomen, alzoo ik

C 5   over

over agt a twaalf daagen weeder na *Spanjen* moeſt vertrekken. Ik wilde hem zeer gaarne over mijn aanſtaande reis eens ſpreeken, want van *Texel* op *Spanjen*, van *Spanjen* op *America*, en van *America* op de *Philippijnen*, was een zeer ſwaare reis, en wel goede raad en bedenkens waard. Hy kwam op mijn ſchrijvend verzoek tot *Amſterdam* in onſe oude Herberg my vinden, hy was vermoeid om dat hy herd weer op Zee had gehad. Hy hem wat geruſt, en wat genuttigd hebbende, vraagde ik hem wat hy nu van de *Zuidlands* ontdekkers gehoord en vernoomen had? Hy zeide dat ſijn voorzegginge was waar geworden, dat zy zonder iets uitgeregt te hebben, het *Zuidland* hadden verlaaten. Ik vraagden waarom? Hy antwoorde, om dat zy goede Zee-luiden waaren, zonder meer, zy konden de kuſten als goede Zee-luiden vinden, zonder meer uit te rigten.

Vooreerſt : *Dampier*, dat een Man is in de Zée-manſchap ſchrander en zeer opmerkende, vergiſten hem hier zeer kragtig. Hoort toe. Hy kwam aan 't *Zuidland*, hebbende gebrek van waater, dat hy daar ook niet bekoomen konde, hy zag een *Zuidlander*, dien hy wilde vangen ; dog hem dat mislukkende, kwaamen daags daar aan agt

of

of tien *Zuidlanders*, daar hy een Man met
een houwer op afzond, die het te kwaad krijgende, schoot *Dampier* een *Zuidlander* onder de voet, en moest doen zonder waater
weeder vertrekken. Dit was nu wel op sijn
Zee-mans, of op sijn Soldaats gehandeld,
maar niet om waater te krijgen, of om het
Land inwendig te ontdekken. Ziet in plaats
van een *Zuidlander* te vangen, moest hy twee
digte Tee-bossen met Spaanse wijn gevuld
hebben, en daar nog aanhangen, een Lind-
je, Schelletje, Belletje, Kettingtje Koraalen, of een Spiegeltje, of wat anders. Hebbende de van verre staande *Zuidlanders* een
teeken gegeeven van te blijven staan, dan
moest een man alleen uittreedende, zulk een
met Spaanse wijn gevulde, en vorder toe-
getaakelde Tee-busse, tussen de *Engelsen* en
Zuidlanders (als een geschenk) neergezet
hebben, dan een *Zuidlander* gewenkt, geroepen, of geweesen, dat hy dat zoude haalen, dit geschiedende, en de Matroos weer
naa sijn Volk keerende, dan zoude een *Zuidlander* die Tee-bus immers haalen, en die
by sijn gezelschap brengen

Dampier dat ziende, moeste haar dan uit
sijn tee-bus toegedronken hebben. De *Zuidlanders* den Spaansen wijn proevende, zoude die haar beeter gesmaakt hebben als zil-
tig

tig waater, daar op moeft *Dampier* weer een
man gezonden hebben half weg, met een a
twee pijpen Tabak, die weeder een *Zuidlander* konde uitgewenkt hebben, om te
zien, of hy als de *Noorder-Americanen* met
hem de vrede *Calumet* wilde rooken en danffen &c.

En op honderd andere manieren konde
Dampier vrede en waater van de *Zuidlanders*
bekoomen hebben. Hy kon aan de *Zuidlanders* laaten zien, goud, filver, gefteenten, ftoffen &c. of andere zaaken, of koopmanfchappen. Indien zy dat kenden, zoo
was van drie zaaken eene waar, als eerft hun
Land moeft dat voortbrengen, of zy hadden
buittenlandfen handel, of het was uit een
gebleeven Schip daar gekoomen. Daar *Dampier* fijn zaaken dan moefte naa gefchikt hebben. Hier uit kond gy zien dat deele ontdekkingen niet tot de Zee-manfchap behoord, maar een geheele andere grond en
ftudie moeten hebben.

Belangende nu de *Vlaamink*, ik heb mien-
fchen zelf gefproken, die met hem daarwaarts
zijn geweeft. Welke my verhaalden, dat
ik in het gedrukte Journaal niet en vinde
aangeteekend; te weeten, dat doen dien
kloeken Zee-man de kuft van 't *Zuydland*
aan deed (dat wel een minder konde gedaan.

daan hebben) dat hy zoo verheugd was, dat
hy, om sijn blijdschap te betoonen, sijn
Schut rondom los brande, vuur-pijlen op-
schoot, en vuur-werken liet aansteeken.

Welke de *Zuidlanders* zodaanig verschrik-
ten, dat zy geen een mensch konden te zien
of te spreeken krijgen. Dog zy kreegen
nog eenige swarte Swaanen, welke zy den
Gouverneur van *Batavia* vereerden, die de
zelve zeer gunstig ontfing. Had nu de *Vla-*
mink geweeten wat wonderen hy met sijn
blixemend en donderend Buskruid konde
gedaan hebben, hy had dat zoo ligt niet
doen sien en hooren aan de *Zuidlanders*.

Dien Zeeman had niet gedagt wat diensten het bussekruid gedaan had aan *Fransis-*
ca Ybarra, die door kunstjes en bussekruid,
een groote schat vergaarde uit de Stadt *Elyua-*
pary, jaa die zoo aanmerkelijk was dat *Don*
Villa Garcia meest daarom de gezegde Stadt
aandeed, welke was geleegen in de Provintie *Paria* in *Zuid-America*.

Die een vreemd Land wil ontdekken,
daar de Menschen als wilden geen ofte weinige politie hebben, die moet voor zulke
Menschen schroomelijke, en wonderlijke
Miraculen konnen doen, op zijn tijd en
plaats, want die maaken hem zoo aansien-
lijk, als eene die door valsche Miraculen een
nieuwe

nieuwe Religie zoude willen beveftigen.
Ziet in de Print-verbeelding op de titul, daar
is by my een grimmigen Leeuw, een Slang,
Vos, en Aap. Deeze naturen, moet een
Land-ontdekker hem konnen eigen maaken,
en hem als *Thetis* konnen veranderen, hem na
den tijd voegen. Maar een vreemd Land
aandoende, daar de Inwoonders naa goede
wetten, en zeeden leeven, daar moetmen
anders handelen Het koomen van eene van
mijne Kooplieden, beletten ons verder van
deefe zaaken te fpreeken.

Wy bleeven nog twee daagen by malkanderen tot Amfterdam, als wanneer mijn
Vriend weeder moeft vertrekken, naar zijn
huis. Ik beloofden hem een dag verhaal in
mijn aanftaande Reis te fchryven, en voornaamelijk yets van de *Philippijnen* te zullen
opftellen, en overzenden, indien ik daarwaarts trok. Dus fcheiden wy als goede
Vrienden van een, wenfchende malkander al
wat wenfchelijk was.

Ik vertrok naa twaalf daagen naa 't *Texel*,
aan boord van een Spaans-vaarder, daar mijn
Patroonen deel aan hadden, zoo wel aan 't
Schip als aan de Laading. Wy laagen in
Texel nog dertien daagen, eer dat de wind
goed waayde, en wy in Zee raakten. Ik
nam in die tijd geleegendheid, om de *Texel-*
ftroom,

ſtroom, deſſelfs Stranden, en Hoofden met aandagt te beſien, te meer om dat men my zeyde dat de *Texel-ſtroom* hoe langer hoe grooter, ofte wijder wierd, dat my dagte dat zeer ſchaadelijk konde zijn voor *Noord-* en *Zuid-Holland*, voor *Uitregt* en *Gelderland*, zoo wel als voor *Overyſſel* als *Vriesland*. Dat men in die zaake indien het moogelijk was, hehoorde te voorſien. En dat men zorge behoorde te draagen, dat de Zeegaaten niet grooter, en de Eylanden in de *Zuyder-Zee*, *Urk*, en *Enſt* niet kleinder wierden.

Ik ſprak ſomtijts met eenige Loodſen over deeze zaak, welke in 't gemeen dat ondoenlijk oordeelden, en nog zoo veel te zwaarder als het *Texel-ſtroom* wijder word. Ik ſchreef dit alles nog uit *Texel* aan mijn Vriend, ten einde hy daar voordeel uit mogte trekken, om dat hy veel zijn werk maakte van nieuwe vindingen, zoo van zulke als van andere zaaken, dat ik van hem gehoord en geſien had.

Hy zond my voort een antwoord met een Vis-kaag wederom, met ſtellingen, die hy my ſchreef uitgevonden te hebben, maar wilde die nog om reeden niet bekend maaken, maar dat hy op ſijn tijd, als het hem goed dagte, die zoude demonſtreeren, goed of geen geld. Sijne

Sijne ftellingen waaren waarelijk goed, maar fijne demonftratien heb ik niet gefien, zoo dat daar van niets kan oordeelen.

Sijne ftellingen luiden van woord tot woord als volgd.

Stellingen welke den Perfoon . . . . meend te konnen demonftreeren, en daar door te toonen, dat veele en fwaare koften konnen verminderd worden, van die jaarlijks tot behoudinge van de *Noord-hollandfche kuft*, en Hoofden in de *Texel-ftroom* worden befteed.

Daar toe zal ik het volgende demonftreeren, op conditien goed, of geen geld.

1. *Hoe een van onderen gebrooken Hooft kan herfteld worden, daar men niet heyen kan.*

2. *Hoe men andere befchadigde Hoofden herftellen moet.*

3. *Hoe men een Hoofd kan onderfoeken, en regt weten wat daar aan fchort.*

4. *Door weinig onderfoecken te onderwinden, of het mogelijk is in de Texel-ftroom Land te winnen, en te konnen behouden, dan of men verliefen moet.*

5. *Dat men weeten kan met alle winden, op welke plaatfen aan de ftrand, en welke hoofden het meefte lijden moeten. Te toonen hoe zulks voor te koomen is met de minfte koften.*

6. *Als*

6. *Als ook dat men toonen kan , wanneer een nieuwe bouwinge van eenige werken, of verbeeteringe van eenige oude in Texel zullen gemaakt worden, wat kragt of uitwerkinge die konnen of moeten hebben eer men die bond.*

7. *Dat het ook klaar kan aangetoond worden, welk fatzoen en maakzel van hoofden het beste , noodzaakelijkste, en profitabelste zijn.*

8. *Als meede op welke plaatsen men de stroom van het strand zoude konnen weeren , dan of zulks onmoogelijk is.*

9. *Te toonen, de voornaamste werktuigen die tot het bovenstaande uit te voeren, bekwaam zijn.*

Ik deese geleesen hebbende , oordeelden die zeer dienstig voor den Lande , en wanneer mijn Vriend die tot genoegen konde demonstreeren, dan kon hy daar een goede somme meede winnen. Ik schreef derhalven aan hem, dat hy daar meede voort zoude vaaren; dog kreeg tot antwoord, dat hy geen vrienden had in de Regeeringe, maar dat hy dit alles mechanice konde demonstreeren en uitvoeren, goed of geen geld.

Ik raakten na dertien daagen leggens in 't *Texel*, van daar in *Zee*, en na seventien daagen zeilens in de Báy van *Kadix*. Alwaar ik van

D   mijn

mijn ouden Patroon zeer minlijk wierde ontfangen.

Ik reisden verfcheide maalen heen en weeder van *Kadix* na *Sivilia*, om over mijn aanftaande reife iets vaft te ftellen.

Naa veele overweegingen beflooten wy,
dat ik naa *Kartagena*, van daar naa *Porto Bello*, en verder na *Panama*, en zoo my het
goed dagte naa de *Philippijnen* te gaan, met
veele Koopmanfchappen. Ik zoude nu een
groote part in deeze Negotie hebben, alles
naa mijn eigen fin beftieren en behandelen,
mits beloovende, dat ik op mijn reife niet
zoude trouwen. Alle Negotie op *America*
van mijn beide Patroonen, daar ik nu ook
deel in had, beftierden ik op haare Kantoo-
fen.

In 't Jaar 1698. was alles klaar, onze goederen ingefcheept in het Schip *Buen Jefus*,
dat eerft op *Kartagena* moeft loffen.

Ik, na dat op alles order gefteld had, hield
met mijn beide Patroonen en haare vrienden,
met nog eenige Kooplieden die ook op *America* handelden, een vrolijk affcheidmaal, daar
wy louter ons verheugden. Daags daar aan
nam ik mijn affcheid van alle mijne goede
bekende, en kwam naa drie daagen aan boord,
daar van den Kapitein *Don Rodrigues de Pai-
ta*, en verdere Officieren wel wierd ontfangen.

Wy

Wy raakten naa weinig daagen in Zee en
behouden tot *Kartagena*. Hier vond ik een
verwarde ftaat op ons Komtoir, om dat den
Boekhouder of onzen direƈteur aldaar overleeden was; daarom had ik veel werk om
alles weeder in order te brengen, en eenige
pleidoyen die daar door kwaamen te rijfen,
voort te zetten. Dat niet minder als in tien
maanden wierd afgedaan.

Het Komtoir weeder met een braaf Man
voorzien hebbende, vertrok ik naa *Porte Bello*. Daar ook eenigen tijd moefte blijven,
eer dat ik naa *Panama* konde vertrekken.
Dog alles weeder tot een goeden ftaat gebragt hebbende, begon ik mijn Inlandfchen
handel, als voor deefen, meefttijds tuffchen
Porto Bello en *Panama* reifende, alwaar groote winften deed, want alle Jaaren zond ik
merkelijke zaaken over, en weer andere
Koopmanfchappen ontfangende, was ik altijd zeer yverig, tot in het Jaar 1702. als
wanneer ik tot *Panama* zijnde, vond daar
een Schip van de Provincie *Mexico* dat op
de *Philippÿnen* bevragt was. Ik had een Kom-
-toir tot *Panama* toegefteld, daar ik twee
knegten hield, ik nam uit het zelve tien duizend ftukken van agten in baar geld, en befloot daar meede naa de *Philippÿnen* te gaan,
om daar *Chineefe* en *Japonfe* waaren te koo-

pen; mijn Komtoir zond ik met de twee
knegten naa *Porto Bello*, waar van eerlang
tijding kreeg dat wel gearriveerd waaren.

Ik heb in mijn voorgaande verhaal geen
dag-regifter gehouden van dag tot dag, en
meen in dit volgende dat ook niet te doen,
alzoo mijn oogmerk maar is, aan mijn Vriend
bekend te maaken, wat ik (by geluk of ongeluk in 't Zuidland koomende) gehoord en
gefien heb. Laatende alle die voor my daar
van gefchreeven hebben, in haar geheel,
elk zijn geloof en oordeel vry ftellende, dat
my niet kan fcheelen. Als ik mijn Vriend
zijn vermaak voldoe, en hy dit met een goed
herte van my aanneemd.

Wannneer onzen Kapitein alles klaar had,
gaf hy ordre, om des anderen daags 's morgens
t'zeil te gaan, alle man moeft aan boord, en
kwaamen nog eenige vrienden ons aan boord
bezoeken, die, naa dat in de kajuit wel getracteert waaren, des avonds weer naa Land
voeren, met ons alle een heitelijke vaar-wel
en behouden reis te wenfchen.

Den volgenden morgen met den dag was
't anker op, wy raakten onder zeil, onze
koers Weft ftellende, dat met goed, en
weinig kwaad weer zoo al heen liep, tot
wy naa feeven-en-veertig daagen, het Eiland
S. Pedro aandeeden, dat ruim tien graaden
be-

benoorden de Midlijn leid, hier kreegen wy
goede ververzing, zoo van waater, vee,
als vrugten en ook eenige vis. Hier laagen
wy elf daagen om ons te ververſſen, en uit
te ruſten.

Wy gingen van *St. Pedro* met moy weeder
onder zeil, dog naa vier daagen zeilens kreegen de wind uit den N. W. de lucht betrok,
en begon hert te regenen, met een zwaare
donderbuy. Onſe boovenzeylen wierden
ſtraks ingenoomen en beſlaagen. De Zee
ging Heemel-hoog, de wind nam hand over
hand zoo toe, dat wy 't voor de wind moeſten af laaten loopen, als wanneer de wind
tot in 't N. liep, en eeven hart bulderde.

Hoe nu het Beeld van *S. Jago* voor den dag
moeſt, en wat zaaken onſen Prieſter daar meede aanving, komt hier niet te pas om te ver-
haalen, dog *S. Jago* wilde geen mirakul doen,
de wind wierd hoe langer hoe harder. Nu
liepen wy eens Zuiden, dan eens Z. Z. W. of
wat Weitelijker, hebbende altijd een betrok-
ken lugt. Dit weer bleef ons neegen daagen by, daarom konden onſe Stuurluiden
niet weeten waar wy waaren; de meeſte
vreeze was dat wy des nagts by duiſter op
het een of ander Land konden vervallen. Ik
dagt wel veel maalen, og! was ik weer tot
Panama. Den tienden nagt bedaarden het

D 3　　　　　　　　weer,

weer, en zaagen met den morgenſtond eenige Sterren en Land aan Stuurboord, ſes mijl
van ons, daar wy naa toe hielden. De lugt
betrok weer, zoo dat wy geen hoogte konden neemen, dog bereikten des agtermid-
dags een ſchoone Haaven, waar in een luſtige
Rivier haar ontlaſte, hier vonden wy goede Ankergrond. Elk was blijde, en ik niet
bedroefd. Hier wierd goede wagt gehouden, en de geheele nagt een Man in de groote, en een Man in de Fokke-mars op de uit-
kijk. Elk verlangden om 't zeerſte na den dag.
Des morgens als 't ligt op daagde, vertoonde hem aan ons een zeer luſtige Lands-dou-
we, zaagen veele Vogelen aan land, en
ook veel Vis om ons Schip van verſcheiden
zoorten. In den raad wierd beſlooten, dat
men met de Boot dertien wel-gewaapende
Mannen aan Land zou zetten, om het Land
te ontdekken, of het vaſt Land, of een
Eiland waar, en of het bewoond was of
niet &c. Zy zouden beſchuit voor twee daagen meede neemen. Ondertuſſchen zoumen
met de Boot en Sloep, met onſe kleine zeegen, aan ſtrand gaan viſſen, terwijl vijf-en-
twintig wel-gewaapende Mannen de Viſſers
zouden dekken.

Onze dertien Man aan Land gebragt hebbende, marcheerden zy Landwaard in, naa
een

een Berg die naa giffinge vier of vijf uuren
gaans van 't ftrand was, doende zig geheel
groen en zeer çierlijk op.

Wy gingen terwijl aan 't Viffen, met
Sloep en Boot, altijd wel op onze hoede
zijnde, zoo met Schidwagten uit te zetten,
als anders. Wy vongen in drie trekken een
geheele Scheeps-zood, daar wy alle genoeg
aan te eeten hadden. Hier zag ik verfcheide vreemde flag van Viffchen, die wy niet
en kenden, waar onder ook waaren *Baarfen*,
Aalen, *Snoeken*, en *Salmen*, waar meede al
het Scheepsvolk haar zeer vrolijk maakten;
en wierd beflooten den volgenden dag weeder te viffchen, dat ook met de zelve uitflag
gefchiede.

Het vierde glas in de agtermiddags-wagt
kwam ons uitgefonden Volk weederom aan
ftrand, die wy zeer haaft aan boord haalden.
Welke zeiden, op den Berg geweeft te zijn,
maar hadden geen Steeden, Huifen, nog
Menfchen gefien; maar dat egter meenden
een ftompen Tooren gefien te hebben, zoo
verre het oog bereiken konde, dog zonder
zeekerheid, alzoo van geen verrekijker voorfien waaren. Wy maakten ons weeder vrolijk met de Vis.

Het weer helderde op, en wierd in de
Raad beflooten, dat ik des aankoomende

D 4   mor-

morgens, met wel gewaapende vier-en-twintig mannen dien gezeiden tooren zoude zoo
moogelijk was, ontdekken, alle de manschap
had in den Oorlog gediend, en zouden in cas
van attacque door een oud ervaaren Sargeant
gecommandeerd worden ; my was de ontdekking en Commande daar toe aanvertroud.
Dog des morgens zeer heldere Sonneschijn
zijnde, wierd belast onse reis tot des agtermiddaags te staaken, zoo lang tot onse Stuurluiden de hoogte genoomen hadden ; het
welk des middags geschiede, en bevonden
dat wy waaren regt onder *Tropicus Capricor-
ni*, dat is drie-en-twintig en een halve graad
byzuiden de Middellijn, op de lengte van
hondert vier-en-seeventig graaden, reeke-
nende den eersten Meridiaan door de *Pico
op Tereniffa*. Hier uit wierd beslooten, dat
wy aan, of ontrent het *Zuidland* moeste
weesen.

VIERDE

VIERDE HOOFDSTUK.

Ontdekkers van het Land, uitgezonden; toe-rusting van den Schryver. Ontdekken een Stadt. Spreeken Volk. Komt in de Stadt Taloujaël. Drinkt Akalou. Het Eiland werd Krinke Kesmes genaamt. Bediening van den Garbon. Allerley Europische en Asiatische Taalen op Krinke Kesmes bekent. De Garbon belast den Schryver alles aan te teekenen.

NA het middagmaal wierden alle die tot deese togt uitgekoosen waaren, boven geroepen, en elk een Tas als een Handgranadiers-tas op zijd gehangen, waar in ses pond Bischuit, nevens, Kruid en Lood, meede wierd ons gelangd elk een Snaphaan, en Scheeps-houwer, met twee vaadem Lont om 't lijf, om daags vuur te hebben tot te rooken. My wierde door een Slaaf mijn provisie naagedraagen.

Dog op den raad van mijn ouden Vriend, voerden ik voor my zelf meede een kleine leederen weide-tas, in drie deelen verdeeld, welke ik altijd wanneer ik aan Land ging, om Kusten of Landen te besien, met een

D 5   platte

platte leederen riem over mijn regter schouder onder mijn rok droeg. Hier in had hy
my geraaden altijd te draagen in een wel toe-
gebonden blaaſe, een kooperen doosje ad
agtien a twintig ſtuivers, daar in is een Compasje, Brandglas, en Spiegeltje, dit zoude
ik leggen in een ſilver Beekertje met een
dekſel; in een ander blaas zoude ik een kooperen doosje hebben, dat men aan beide
zijden kan op doen, aan de eene zijde met
tontel gevuld, in de andere zijde een langwerpig vuurſlag, drie vuurſteenen, een ſtuk-
je ſwaavel, om altijd ſwaavelſtok te konnen
maaken, neevens vijf a ſes ſwaavelſtokken,
wat bindgaaren, met ſes a ſeeven ſpijkers;
in de derde verdeeling van mijn tas moeſt ik
hebben een verrekijker, nevens drie a vier
biſſchuiten, met een flesjen van blik vol
brandewijn. Op mijn wandelſtok in plaats
van een knoop had ik een knap handbijltje,
daar agter een haamer aan was. Verſtaat
dat ik met deeſe montuure niet aan Land
ging daar Steeden of Dorpen waaren, want
dan liet ik mijn Weitas te Scheep, dog mijn
handbijl was altijd mijn wandelſtok.

Wy gingen naa 't ſchaffen aan Land, van
alles wat dienen kon zeer wel voorſien, vijf-
en-twintig man ſterk, nevens drie Slaaven
die nog eenige noodzaakelijkheid droegen.

Wy

Wy marcheerden ook W. aan tot op den gezegden Berg, die geheel met Boomen be- zet was van veerderley zoorte, wy gingen den Berg over, al naa 't W. omtrent twee uuren, tot dat hy naa 't W. daalden. Wy om door 't vuur niet verraaden of verfpied te worden, keerden een half uur weer Bos- waard in, waar wy een goed vuur maakten, daar rondom gingen zitten, en goede Schild- wagten uitzetten. Onfe Slaaf droeg een bijle meede, die ons zoo wel als mijn hand- bijl en houwers te pas kwam.

Nu deed het ingewand van mijn kleine Weitas al dienft, want hier kon ik terftond fwaavelftok maaken, dat ons wel kwam, op mijn compasje waaren wy door 't Bos ge- raakt, van mijn verrekijker hadden wy goe- de verwagting &c.

Hier ruften wy deefen nagt op goede bed- den van takken, by een goed vuur, wy ver- naamen geen onraad, wy waaren nu fes uuren gaans van onfe Scheepen. In den morgen- ftond gaf ik order, dat niemand zou fchie- ten buiten mijn laft, om niet ontdekt te worden. Den ftompen tooren die daags te vooren gefien was, vernaamen wy niet. Wy trokken den Berg neederwaarts, daar een fchoon Bofch ftond, naa drie uuren gaans. kwaamen wy ten einde en door het zelve,

aan

aan een groote Vlakte met goed gras bewas-
sen, met Rivieren doorstroomd; dit dal
had rondom hooge Bergen, alle met Bosschen
beset, dat een zeer vermaakelijk gesigte
was. Wy setten ons op de rivierkant om
te rusten, en te eeten. Hier een uur ver-
toefd hebbende, beslooten wy naa en op
den hoogsten berg te trekken, die N. W.
van ons lag. Wy kwamen aan den voet
van den Berg weeder in een Bosch, naa vier
uuren gegaan te hebben. Het was nu ruim
middag, wy hadden nu al seeven uuren ge-
marcheerd, en eenige begonden moede te
worden, wy beslooten dien dag daar te blijven, en des avonts, een half uur N. W.
aan, in 't Bosch, den berg op te marcheren,
en daar onze Leeger-plaats te maaken, om
den aankoomende nagt daar te rusten. Wy
zaagen Boschwaard in eenige Verkens, Herten, Bokken, en eenige dieren die wy niet
en kenden, als ook verscheiden groote Slan-
gen. Wy lieten die alle gaan, om dat wy
niet wilden schieten, waar door wy ligt ons
zelven ontdekken konden, of de Inwoonders vervaart of toornig zouden hebben konnen maaken.

Wy zaagen ook verscheide Vogelen van
veel'erley zoort, en onder andere twee groote als Reigers, die hoog in de lugt vogten,
dat

dat wel een half uur duurde, en ons groot vermaak toebragt.

Ten vijf uuren marcheerden wy een half uur Boschwaard in den Berg op, daar wy by daag op de kant van een rivier ons Leeger-plaats uitgekoofen hadden, wy maakten voort vuur, en hieuwen takken tot onfe bedden. Hier waaren wy nu dertien en een half uur van ons Schip, wy refolveerden om nog eenmaal zoo verre Landwaard in te marcheeren, en dan niet vindende, weer naa Boord te keeren. Ik zetten drie fchildwagten uit, en liet nog ontrent een half uur gaans om ons leeger-plaats recognofceren, dog deefe bragten niet nieus, als dat zy veel Wild hadden gefien, zoo bekend als onbekend. Naa 't fchaffen een pijp gerookt hebbende, ftelden ik order op de fchildwagten, die alle half uuren zouden afgeloft worden, daar meede wy ons te ruft leiden, en fliepen geruft tot aan den daageraad, naa 't gebed gedaan was, kreeg elk een klein foopje, van dat onfe Slaaven meede droegen. Wy marcheerden den berg op in anderhalf uir. Wy trokken door dit Bofch al N. W. aan, een uur lang, als wanneer wy op deffelfs hoogfte waaren, hier hielden wy halte, en keeken fneedig uit, zaagen regt W. van ons een zeer witte klip, ik mijn verrekij-

ker

ker krijgende, zag zoo my dagt een ftuk
van een ftompe witte Tooren, op of agter
de klip, mijn verrekijker ging rond, elk was
nieufgierig, dog wy konden niet daar van
befluiten, om dat de diftantie te verre was.
Wy rookten eens, en beflooten in het naafte.
Bofch onfe nagtruft te houden, wy trokken
den berg af, de valeye door, tot in het bofch,
daar wy vijf uuren over doende waaren. Nu
in 't bofch weefende, konden wy de witte
klip of heuvel niet zien.

Naa zulke fterke marfchen begonden eenige over haar voeten te klaagen. Wierde
gerefolveerd, deefen dag en den aankoomenden nagt hier te ruften. Hier ruftende by
een kleine rivier die uit het Weften kwam,
beflooten wy dat eene onzer Slaaven, den
aankoomenden morgen goed tijd de Rivier
zoude langs gaan zoo hy konde, tot aan
deffelfs oorfpronk, en zoo hem die tot buiten het Bofch bragt, en hy de witte klip konde begaan, dat hy daar zoude opklimmen,
wel geduurig toefiende aan alle kanten of
hy ook menfchen zag, indien hy menfchen
zag, zou hy voort bofchwaard in vlugten, en
de rivier langs weer by ons koomen; deefen
Slaaf hiete *Pedro Raffo*, hy was een goede
vlijtige en getrouwe Slaaf. Ik gaf hem wat
Tabak, een pijp, en een ftuk brandende
lont,

Iont, met wat Bifchuit, beloovende hem nog een foopjen op morgen. Hy zeide dat niet moede was, dat wel voort wilde gaan, maar verzogt een houwer meede te neemen, dat hem toegeftaan wierd. Ik gaf hem een foopje, daar meede teeg *Pedro Raffo* te gang. Onfe drie Slaaven droegen elk een korf met Arrak, en Tabak, een met wat Oli, Brood en Zout, de derde had Kruid en Loot.

Ik had in mijn Weitas ook altijd een doosje met feemele, en daar in vishoeken. Wy om tijdverdrijf maakten Lijnen of Snoeren van bindgaaren, daar hoeken aan doende met wat fpek, vongen een braave zoode, dog konden die niet kooken, maar braaden die aan houten fpeeten, en draaiden eenige voor 't vuur aan bindgaarens, tot zy gaar waren, wy aaten die met goede fmaak. Des nagts fliepen wy geruft, en des morgens vingen wy weeder een zoode, zommige van ons viften, andere maakten die fchoon, voorts wierden die gebraaden, en ftraks op gegeeten. Mijn horologie ftond nu op tien uuren, wanneer onzen *Pedro* als verbaasd tot ons kwam loopen, roepende van verre al, een Stadt! een Stadt! een Stadt!

Wy alle op in een ronde kring, waaren nieusgierig hem te hooren, maar hy hijgden door zijn herd loopen zoodaanig, dat niet

konde

konde fpreeken, ik deed hem aanftonts nee-
derzitten, en een foopjen geeven, als wanneer hy wat bedaarde, en begon dus te fpreeken. Ik ging gifter deeze revier langs, die
bragt my aan de witte klip, daar zy haar
oorfpronk uit neemd; ik klom de klip op,
en zag een Stadt zoo my dogt, het was al
vry duifter, ik ging in 't gras neer fitten om
een weinig te ruften, als wanneer het nog
duifterder wierd, (want de Maan was nog
niet op) doen zag ik veele ligten, ook veele die haar beweegden, als of 'er Menfchen
met ligt over ftraat gingen, ik dit gefien
hebbende, vertrok weer in 't Bofch, daar ik
my onder een grooten Boom te flaapen leide;
de Maan ging op, ik weer op de klip, dog
kon doen niet zien, ik weer Bofchwaard in,
en verlangde zeer naa den morgen, als wanneer ik met den daageraad weer op de Klip
klom, hier bleef ik zitten tot de Zon op
gong, doen kon ik de Stadt zeer wel zien,
daar zijn verfcheyde Toorens, alle booven
ftomp of plat, veele groote en kleine Huifen, ook booven plat, deefe zijn alle van fteen
geboudt. Aan de Ooft-zijde van de Stadt
zag ik een breede weg, daar over pafleerden
veele Menfchen met Beeften. Ik weer van de
klip, at mijn Bifchuit, wagte nog een uur,
keek nog eens van de klip, als ik een Man
                                                      my

my zag naaderen, dies ik vertrok, en ben
nu hier gekoomen.   Wy beflooten naar lang
raad gepleegd te hebben, naa de witte Klip
toe te gaan, en te zien hoe men 't maaken
zouw; zoo gezeid, zoo gedaan, wy verzaa-
gen onfe Roers, en *Pedro* voor aan, trokken
voort, nu was 't elf uuren, ten twee uuren
waaren wy uit het Bofch, en te half drie op
de Klip, nu waaren wy vier-en- twintig en
een half uur van ons Schip op mijn horologie gegaan, en drie en een halve dag van 't
Schip geweeft. Wy op de Klip koomende,
vonden defelve met gras bewoffen, gingen zitten en rookten eens, en verwonderden ons alle over de goede gezigten daar
om heen, wy waaren nu nog een half uur
van de Stadt, en konden van hier de Stadt
vlak zien, dog door mijn verrekijker nog beeter, met groot vermaak. Wy zaagen (als *Pedro* gezegt had) Toorens, groote en kleine
gebouwen, alle booven plat, en van fteen
geboud.

Hier zittende, hielden wy raad wat te
doen, of naa de Stadt te gaan, of weer naa 't
Schip te keeren, en onze ontdekking aan
boord bekend te maaken.

Maar terwijl wy naa de Stadt ziende,
met malkander fpraaken, zag eene van ons
om, die met een fchreeuw riep over al!

over al! terstond was elk met zijn roer op,
en waaren terstond vijf geleeden, elk van
vijf man gemaakt, want elk wist zijn plaats,
waar h y weezen moest; hier stonden agtien
of twintig Menschen by ons, dog zonder
geweer.

Zy ons zoo haastig, als verbaasd ziende
op rijzen, begonden te lacchen, en wy, om
dat zy geen geweer hadden bedaarden haast.

Onder mijn Volk was een *Arabier*, die
meede volmaakt *Turks*, en ook *Persiaans*
sprak, ik sprak *Hollands*, *Spaans*, en *Indi-
aans*. Ik belasten onsen *Arabier*, *Zelein* ge-
heeten, dat hy haar zoude aanspreeken, en
haar vraagen, in wat Land wy waaren, hoe
de Stadt genaamd was die voor ons lag. Hy
vraagde dat in *Arabis*, *Persiaans*, en *Turks*,
dog niemant antwoorde.

Deese Inwoonders bezaagen ons met groote opmerkinge, niemand van haar sprak een
woord. Ik die de troep commandeerde, had
een blaeuwe pluim op mijn hoed, een van
haar trad naa my toe, hy groeten my met
een buiging, en zag naa de pluim, en scheen
daar van als verwonderd te zijn. Ik dat merkende, nam die vliegens van mijn hoed,
hem die beleefdelijk aanbiedende, dog hy
weigerde die aan te neemen.

Ik verzugte, en zei teegen een Spanjaard
die

die agter my ſtond, in 't Spaans, ag! konden ons deeſe menſchen verſtaan, zy ſchijnen eerlijke luiden te zijn. Daar op om-
helſden my deeſen man; hy vraagde my in
goed Spaans, van waar wy gekoomen waaren? van wat Volk? en wat wy hier in deeſe
Landen zogten.

Ik ſprong op van vreugde ! en antwoorde, wy koomen uit *Europa*, afgeſonden van
de Republijk of Regeering van *Genua*, om
vreemde Landen te ontdekken, met die In-
woonderen in vreede en liefde te handelen,
en voor onſe medegebragte *Europiſche* waaren
te ruilen, of voor geld te koopen van des lands
Koopmanſchappen, die wy noodig oordeelden. Ik derfde niet zeggen dat wy *Spanjaarts* waaren, want die Landaard is in veele
plaatſen niet al te wel geſien.

Den *Zuidlander* zeide, dat aanſtonts kennis van onſe komſt aan de Regeering zou
doen, welke dan op alles order zouden ſtellen. Zy vertrokken, wy bleeven. Naa
twee uuren kwam den Man weeder met een
waagen, daar op voor ons eeten en drinken
was, dat afgelaaden wierd.

Onder het aflaaden zei de Man, gylieden
hebt keur, of gy te zaamen weeder naa u
Schip wilt keeren, of met ons naa de Stadt
gaan, beide ſtaat u vry, en u lieden zal geen
leed geſchieden. E 2 Ik

Ik verzogt een weinig tijd van beraad, dat toegeftaan wierd. Het Volk in een ronde kring om my ftellende, naámen raad, en wierd beflooten, dat ik met nog fes man in de Stadt zou gaan. Ik zoude by my neemen onfe Quartiermeefter, die lange met de *Engelfen*, en oók met de *Franfen* gevaaren had, fprak daarom goed *Engels* en *Frans*, onfen *Arabiër* fprak *Arabis*, *Turks*, en *Perfiaans*, onfe Ondermeefter fprak *Latijn* en *Italiaans*, een Matroos die lang in *Indien* geweeft had, kon goed *Maleys*, tot deefe nam ik nog twee brave Soldaáten by my, ons ander Volk zoude weeder naa 't Schip keeren. Dit befluit bekent gemaakt hebbende, wierd goed gekeurt.

Den *Zuidlander* zeide, men zal u lieden Leids-mannen meede geéven, deefe zullen u door een korter en beeter weg, als die is waar langs gy hier gekoomen zijt brengen, zy zullen u onderhoud en herberg doen hebben, u Schip zal gevifiteert worden, en gy, nog zy, hebben niet te vreefen, gy alle zult met vriendfchap ontfangen en bejegend worden, zoo gy Schip-breukelingen zijt dan moet gy alle hier blijven, en onder ons wonen, zoo niet, zult gy weer vertrekken, zonder dat u leed of onregt zal aangedaán worden.

Nu was 't op mijn horologie vijf uuren

agter-

agtermiddag. Wy gingen zitten eeten, men
fchaften ons in houten bakken gefooden en
gebraaden Vlees en Vis, ook gekookte Rijs,
heevens fchoon waater om te drinken.

Naa de Maaltijd ftonden wy rond, en
kreegen elk ontrent een mutsje Arrak. Terftond wierde alles opgenoomen, en kwamen drie Mannen, hebbende elk een lange
witte ftok in de hand, deeze ftelden onfe
agtien Mannen in zes geleederen, de flaaven
liepen daar by, zy begonden terftond voort
te trekken, wy hadden geen tijd haar meer
te zeggen, als, onthaald die Menfchen
wel. Agter haar reeden twee Mannen,
hebbende elk een kiftje op de zijde, aan een
breede riem hangen. Wy vermoeden dat
het fchrijvers waaren. Wy wierden ook
voort naa de Stadt gebragt, waar wy veele
toekijkers vonden, elk was nieufgierig ons
te zien, dog wierd haaft ruim baan gemaakt,
wy wierden in een braaf huis gebragt, daar
wy tot onfe groote verwonderinge een Taafel met Stoelen omfet vonden op de Euro-
pife wijfe : in de kaamer ftond een Lede-
kant, met Bed, Deekens, en behangfel wel
voorfien, aan de muur een Spiegel, en nog
vier Schilderyen.

Onfen Leidfman heeten ons welkom, en
zei wy zouden goedsmoets zijn, ons zou

E 3   geen

geen kwaad weedervaaren, hy zou gaan order ftellen op ons onderhoud , en wat verder te doen ftond. Naa verloop van ontrent
twee uuren, kwam hy weederom met drie
Slaaven, die aan mijn Volk elk uitdeelden een
dikke Deeken, met een houten blokjen tot
een hoofdkuffen, (op fijn Japans) dit was
elk fijn kooy, ik kreeg laft op 't leedekant
te ruften.

Pen, Inkt, en Papier wierd op de taafel
gelegt, en ons gezegd, dat zoo wy iets begeerden, wy dat moeften op fchryven, dat
aan een Slaaf geeven, die dat zoude brengen daar 't weefen moeft, en onfen Leids-
man zou ons den volgenden morgen komen
fien.

Wy gingen fitten rooken, hebbende verfcheiden difcoerfen onder malkander; wy
eifchten waater om te drinken, dog zy bragten ons kookend waater, met eenige wortelen, dit wierd getrokken als Thee, welke drank ons by uitneementheid verfriften.

Wy hadden nu drie nagten onder den
blooten Heemel geflaapen, dies verlangden
elk naa zijn ruft, wy deeden een gebedt,
en begaaven ons te kooy. Wy fliepen alle
zeer geruft; tot wy des morgens met den
dag door een Slaaf opgewekt wierden,
die ons weederom dien warmen drank
voor-

voorzette, en daar op elk wat Arrak gaf.

Ik verlangde onsen Leids-man te zien,
om uit hem te verstaan, de geleegentheid
en naam van dit Land; ik wenschen ook wel
te weeten, de Natuure, Zeeden, en Handel der Inwoonders &c.

Een uur naa Sonnen opgang kwam onsen Leids-man tot ons, vraagende of wy
wel geslaapen hadden? wy antwoorden jaa.
Hy vraagden voort of wy al *Acalou* gehad
hadden? wy zeiden ons was warm wortel-
waater met Arrak gegeeven. Dat is goed
zeide hy, zulke wortels noemt men hier
Acalou.

Voorts vraagden ik, of het my geoorlofd
was, hem te vraagen naa de geleegentheid
des Lands, deese Stadt, sijn naam, naa eenige zeeden en handel der Inwoonders &c.
Jaa dog zeide den Man, vraagd alles wat u
beliefd, ik zal u antwoorden wat ik weet.
Mijn heer zeide ik, ik wenste dan te weeten, of dit vast Land, of een Eiland is, en
welke naam het draagd, hoe deese Stadt
genaamt wort, hoe men u noemd, en welke u bediening is.

Dit Land dat wy bewoonen is een groot
Eiland, wy noemen het in onse taale KRIN-
KE KESMES. De Stadt daar wy in zijn
hiet *Talonjael*. Mijnen naame is *Kascha*.

Mijn

Mijn bediening is *Garbon*. Het woord *Garbon* is *Opfiender* te zeggen, mijn doen is, dat ik alle ftraaten, fteegen, weegen, bruggen, fonteinen, rivieren, &c. zoo in deefe Stadt, en een half uur daar buiten moet befigtigen, al wat daar aan fchort terftont doen maaken : ook zoo wanneer hier Vreemdelingen koomen, die te doen oppaffen, daar van kennis aan de hooge Overigheid geeve, en haare beveelen naakoome.

Ik zeide verwonderd te zijn, dat ik hier een kaamer zag, welke op de *Europifche* manier gemeubileerd was, want ik had geflaapen in een welbehangen Leedekant, op een *Europifch* Bedde met fijn toebehooren, ik zag Taafel, Stoelen, Spiegel en Schilderyen. Hoe! zeide den *Garbon*, gy zult u nog meer verwonderen, wanneer gy hoort dat hier alle *Europifche* en *Afiatifche* Taalen gefprooken en geleerd worden, men zal u Boeken laaten fien in het *Portugees*, *Spaans*, *Frans*, *Italiaans*, *Hoog-en Needer-duits*, *Engels &c.* Boeken in 't *Perfiaans*, *Maleis*, *Sinees*, *Japans*, &c.

En nog is verbooden by ftraffe des doods, dat geene van onfe Naatie mag buiten 's lands reifen. Wy zenden geen menfchen met *Perfiaanfche* kleederen uit, om te weeten wat in *Europa* of *Afia* te doen is. Wy hebben alle

alle volmaakte kennis van haar Godsdienst
en Zeeden, daar zy zoo op stoffen. De
Wetten van *Moses*, de geboorte van *Christus*,
de Hegeira van *Muhamet*, zijn van ons alle
bekend.

Ik stond als verbaasd! en zei hoe is het
mogelijk, indien geen een van u Natie mag
buiten 't land reisen, dat gylieden kennis van
zoo veele zaaken, in zoo verre geleege-
ne Landen kond hebben. Ik zal 't u zeggen
zei den *Garbon*, maar gy, zegt my u naam
en doen eerst. Ik heete zeide ik, *Juan de
Posos*, mijn Vader was uit het Dorp *Martos*
in de *Sierre de Ronda*, in de Provintie van
Andalusia, dog ik ben in *Holland* gebooren
en opgevoed, ik heb mijn eigen Koopmanschap. Zoo spreekt gy dan ook *Hollands*
vraagden hy. O jaa! was 't antwoord, dat
is mijn Moeder-taal. Dan zal ik u by een Man
brengen die met u *Hollands*, gelijk ik met
u *Spaans* spreeken zal. Doen vraagden hy
wat mijn doen was? Ik ben een Koopman
die mijn eigen Negotie doe, ik betaale mijn
vragt en kost aan den Kapitein van 't Schip,
zeide ik voor de tweedemaal. Daar op hy
zey, my dunkt dat gy eerlijk en nieusgierig
zijt, ik zal u voldoen zoo veel ik kan. Daar
staat pen, inkt, en papier, schrijft alles wat
gy hoort en ziet in 't korte op, zelf onse

E 5   dis-

discoursen, die gy kond, weeder te Scheep zijnde, in order brengen. De meeste reisbeschrijvingen worden uit korte opstellen gemaakt, ook veele uit de memorie, dog daarom zijn de zulke de beste niet.

VYFDE HOOFDSTUK.

Den Schryver teykend alles aan : Groote van 't Hoofd-Eiland. Hoe de Zuidlanders aan de Taalen gekoomen zijn. Twist der Geestelyken. Nieuw Geloove door Sarabassa opgestelt, en door Cham Hazi bevestigd. Esopus Rave. Twee algemeene Kloosters of Eilanden. Beschryving van 't Eiland Nemnan, en Wonvure. Van de Ziel in 't gevoelen. Of 't Zuur in 't Lichaam komt. Spreuken van hunne Godsdienst, en de Opvoeding.

OM mijne vergunning te gebruiken, nam ik pen en inkt, en begon aanstonds te schryven wat tot nu toe al gepasseerd was, en vraagde hem, hoe wy ons discours zouden beginnen? Hy antwoorde, onse *Godsdienst* en onse *Wysheid* bestaan alle in Spreuken, die wy uit *Europische* en *Asiatische* boeken hebben uitgetrokken; van

deese

deefe zal ik u eenige ter hand ftellen, en dan
een Landbefchryving van dit ons Land met
fijne kleindere Eilanden &c. Dog voor af
zal ik uwe nieufgierigheid voldoen, van u
te zeggen, hoe die zaaken aan ons in dit
Land zijn overgebragt, en hoe wy aan onfe
Godsdienft gekoomen zijn.

   Dit Eiland *Krinke Kesmes* met fijne on-
derhoorige Eilanden, zijn zeer magtig, want
Krinke Kesmes is alleen 400. uuren gaans in
fijn omtrek, want het is omtrent vierkant,
en elken zijde hondert uuren gaans lang.
Dit is alzoo lang bewoond geweeft als *Sina*,
want wy reekenen onfe Koningen van twin-
tig-duifend jaaren volgens onfe Chronijken.
Wy gelooven niet als de *Europers*, dat de
Weereld voor vijf a fes duifend jaaren zoude gefchaapen zijn, waar over zy twiften.
Deefe Natie aanbad in voortijden de *Sonne*,
Balone, en haaren Koning, zonder meer andere Goden te kennen. Tot dat naa uwe
reekeninge van de geboorte *Chrifti* duifend
en dertig, als wanneer hier een Perfiaanfch
Schip kwam te ftranden, welke Schip van
Bender Abaffi of *Cambron* bevragt was na *Mecca*, met veel koftelijkheid, onder andere
waaren daar op veele Boeken van verfcheide
Taalen en Faculteiten, gelijk als *Perfiaanze*,
Maleize, *Turkze*, *Latijnze*, *Italiaanze*, en
veele andere.   Ook

Ook vond men daar onder *Hebreeufche By-*
bels, *Griexfe Teftamenten*, en *Arabifche Alko-*
rans. En gelijk zig veele Menfchen jaarlijks
naa *Mecca* begeeven, den eenen uit Godvrugtigheid, den anderen om Gewin. Zoo
bevonden haar in dit Schip meer dan drie
honderd Menfchen, zoo *Perfiaanen*, *Indiaa-*
nen, *Turken*, *Arabiërs*; daar onder ook veele Chriften Slaaven, zoo *Grieken*, *Italiaanen*,
Hollanders, &c. Het volk, met de geheele
Scheeps-laading wierd geborgen, en was alles vervallen aan onfen Koning doen re-
geerende, *Chambazi* genaamd.

Dit was het eerfte Schip dat in dit Land
ooit gezien was in eenige eeuwen. Het
Volk en goederen wierd tot den Koning in
onfe Hoofd-Stadt *Kesmes* gebragt. Den
Koning deed hen by malkander bewaaren,
en goede leevens onderhoud verfchaffen.
Hy deed fijn Wijzen uit alle Provincien
t'zaamen roepen, om met haar te raadplee-
gen, wat men met haar zoude doen.

Daar wierd beflooten, dat alle die eene
taal verftonden by malkander zouden blijven;
dog den Koning met fijne Wijzen konden
niet eene verftaan, dies kreeg men de Boeken, en liet Man voor Man daar in leefen,
hier onder waaren veele gauwe *Arabiërs*, die
dit merkten, dies zogten zy daar eenige *Ara-*
bifche

bifche Boeken, en *Alcorans* uit, klopten op
haar Borſt, en wijſende naa den Heemel,
als willende te kennen geeven, dat dit haar
Wet-boek was, men leyde al de *Arabiſche*
boeken by de *Arabiers*, zoo ook de *Malei-
jers*, *Perſiaanen* &c. Doen moeſt Man voor
Man weeder leeſen, en ook ſchryven, die
dat wel konden, wierden een Rok met een
roode Mouwe aangetrokken, en een roode
Muts op haar hoofd geſet, al de geene
welke niet Leeſen, en Schrijven konden,
kreegen een Rok met eene blaauwe Mouwe,
en een blaauwe Muts op.

Voorts beſloot den Koning, en ſijn
Wijſen raad, dat men de *Arabiers* zoude ter
hand ſtellen twaalf gaauwe Jongelingen,
die onſe Land-taal wel Leeſen en Schryven
konden, deeſe zouden in een beſlooten
Huis de *Arabiſche* taal leeren verſtaan, Spreeken, Leeſen, en Schrijven, deeſe gaauwe
Arabiers met haar *Arabiſche* Boeken wierden
geſonden naa de Stadt *Araſo*, alwaar haar
twaalf Jongelingen aan bevoolen wierden.
Zoo zouden de *Perſiaanen* ſes Jongelingen
de *Perſiaanſche* taal in de Stadt *Tenbar* onder-
wijſen; de *Turken* moeſten het ſelve doen in
de Stadt *Sannaſa*. Vier Joodiche *Rabbijnen*
kreegen laſt in de Stadt *Jitdu* ſes Jongelingen
de *Hebreeuſche* taal te leeren. De *Indiaanen*
kree-

kreegen ook ses Jongelingen om het *Maleis* te verstaan, in de Stadt *Raima*. Onder de Slaaven waaren vijf geleerde *Grieken*, vier gaauwe *Italiaanen*, en drie sneedige *Hollanders*; deese kreegen ook elk ses Jongelingen, de *Grieken* moesten naa de Stadt *Palotata*, de *Italiaanen* naa de Stadt *Valdapa*, en de *Hollanders* naa de Stadt *Aminasta*.

Maar wat geschiede? naa twee jaaren, wanneer den Kooning sijn grooten Raad weer vergaaderde, beval hy dat men de Jongelingen ondervraagen zoude, en zien hoe verre zy in de Taalen gevorderd waaren. De *Arabiers*, *Persiaanen*, en *Turken* kwaamen eerst voor den dag, en wierd bevonden, dat elk zijne Taal Verstond, wel Sprak, Leesen en Schryven kon: want zy hadden den *Alkoran* in onse Taale overgeset; maar de *Persiaansche*, *Turksche*, en *Arabische* Studenten raakten voort in 't dispuit over haar geloof; zy hadden met de Taal ook het *Muhametaans* geloof aangenoomen. Zoo hadden ook de *Jooden* en *Christenen* gedaan. Den Koning deed al de overgesette Boeken visiteeren, en neerstig doorsien. Dat haar het beste van allen behaagde, was het *Nieuwe Testament der Christenen*; maar dat geheel in sijn Land in te voeren, wierd afgekeurd, zoo om geen te grooten opschudding te te maaken, als om dat de *Grieken*, *Italiaa-nen*, en *Hollanders* het ook niet eens konden worden. Den Koning dan raad houdende wat men doen zou, zoo stond den ouden Philoloof *Sarabasa* op, die in dit Land wei-nig minder als *Confucius* in *Sina* agting had. Welke zeide met believen van den Koning, ik heb daar in dat *Christen-Boek* twee God-delijke Spreuken gevonden; de eene zeid, *Hebt God lief booven al, en u naasten als u zelven*; de andere luid aldus, *geeft Gode dat God is, en den Keiser dat des Keisers is*. Hier in is alles begreepen, wat tot geluk van een Koning, het Volk, en een Land strekken kan.

Dit zou men in bedenking neemen. En wierd beslooten, dat men een groote alge-meene Kerk zou bouwen, en daar in zoo veele Prædikstoelen stellen, als 'er nieuwe Secten waaren, hier zou geprædikt en ge-disputeerd worden, welk geloof het beste was voor den Koning en deese Natie.

Maar, in plaats van disputeeren en mal-kander te onderrigten, kwam het altijd op kyven en schelden uit. Elk schreeuwde dat hy sijn Wetboek van God had. Elk scheen zorg voor sijn zaaligheid te draagen. Dus konden zy malkander niet (alleen niet) be-keeren, maar hadden over de minste zaaken altijd

altijd verschil; dus scheiden zy noit zonder
kyven of schelden , jaa zy wierden zoo vol
paffien, of zy al lange den Geeftelijken ftaat
bediend hadden.

Om deefe moijelijke kyvagien en schel-
dingen voor te koomen , wierd by elken
Prædikftoel een klok gehangen, die den Præ-
diker of difputant zou trekken als 'er gehoor
moeft gegeeven worden , of dat men fwij-
gen zou als 'er gekeeven of gefcholden wierd.

Aan de Oost-zijde was de *Arabifche* ftoel,
tuffchen de *Perfiaanfche* en *Turkfche*, om al
te met tuffchen beide te fpreeken.

Daar teegen over aan de Weft-zijde, was
de *Hollandfche Gereformeerde* ftoel, tuffchen
de *Roomfche* en *Griekfche* geplaatft.

Aan de Noord-zijde, waaren de drie ftoelen der *Hebreeufche Jooden*, voor de *Pharifeen*,
Effeen, en *Zadufeen*.

Teegen over de zelve aan de Zuid-zijde,
waaren de ftoelen der *Mooren*. Den Koning *Chamahzi* had bevoolen, dat elke Secte
van elke Hoofd-religie, zig onder malkander eerft zouden verdraagen. Daar naa zouden de Hoofd-religien met malkander difpu-
teeren.

Deefe klokken, die tot een vreedig oog-
wit daar gehangen waaren, maakten de zaaken nog veel erger , want als een al te lange

b

gefprak, of keef, of fchold, of vloekte, en
fijn party fijn klok trok om oôk gehoord te
worden, dan wilde den eenen den anderen
niet toegeeven, maar begonden alle gelijk
te luiden, en raafden dat men hooren nog
fien kon. Onder dit luiden maakten zy malkander fulke bekken toe, als de kinders die
voor bullebak fpeelen, ftampvoetende, en
fchuimbekkende, dat de *Turken*, *Mooren*,
en *Joden* zeer aardig wiften te doen, want
dat paften geen *Chriftenen*.

Men ontnam haar alle de klokken wederom, om verdere ongemakken voor te koomen, en verbood haar ten dien einde het dif-
puteeren.

Straks begonden zy teegen malkanderen te
Schryven, daar op wierden haar alle haar gefchreeven Boeken afgenomen, en haar het
Schryven over haar gelooven verbooden; om
dat het zeer klaar te fien was, dat het Schryven deefer Geeftelijken, niet was uit liefde tot
de Waarheid, of om malkander te bekeeren ;
maar elk braakte fijn haat en nijt uit; den
eenen fogt den anderen te bederven, onder
fchijn van geeftelyke liefde. Onfe *Zuid-lan-*
fche Paapen raakten meede in 't fpel, zy fcheenen 'nog arger als de anderen, en zouden
liever den Staat omkeeren als iets toegeeven ;
jaa zy gaaven de naam van Helden aan die,

F   welke

welke beft fchelden en tieren konden over geringe zaaken: zulke noemden zy ook Helden welke die zaaken zoo ver uit pluiiden,
en gevolgen uit gevolgen trokken, en dan
gefchil maakten over zaaken, die de gemeen-
te niet verftond, of konde verftaan, en daarom geen poincten des geloofs waaren. De
Hollanders waaren de vreedigfte, om dat haar
geloof het zagfte fcheen te weefen.

De Jongelingen van onfe Natie, die de
vreemde taalen geleerd hadden, wierden verdeeld, het land door gefonden, om eenige
van onfe andere Jeugd die taalen voort te leeren; met verbod op leevens ftraffe, aan de
geene die iets van de vreemde Gods-dienft
fprak of fchreef.

De Vreemdelingen wierden in een groot
beflooten huis gebragt (behalven de *Hollanders*,) om daar met malkander in vreede te
leeven, zoo als zy op haar Schip zijnde, gedaan hadden.

Maar, zy in dit beflooten huis komende,
leefden nog veel flimmer als te vooren; het
bleef nu niet by kyven en fchelden, maar
kwamen voort tot daadelijkheid, en floegen
malkander dag en nagt, zoo gruwelijk, dat 'er
altijd een vervaarlijk gehuil en gekrijt wierd
gehoord. De Buuren hier door haare nagt-
rufte miffende, kwamen daar over te klaagen.
Waar-

Waarom zy alle op afgeleegene Zee-kuſten
wierden gebannen, daar zy met andere God-
looſe Bandijten, haar met ſober viſſchen
moeſten geneeren, voerende geen ander geweer, als houten ſpieſſen, wordende daar
geduurig van de Vliegen geplaagd. En zoo
wanneer haar Nazaaten zoo' vermeenigvul-
digen, dat zy Landwaard in komen, daar
het vrugtbaar Aardrijk ook Steeden en Dorpen draagd, dan word daar een wel-gewaa-
pend Leeger op uitgeſonden, welke ſomtijds
agt of twaalf duiſend daar van dood ſlaan,
zoo wel Mannen, Vrouwen, als Kinderen.
Heeden zijn daar nog van haare naazaaten,
welke zeer armelijk, en erbarmelijk leeven,
bewoonende ſlegs de onvrugtbaare en dorre
ſtranden, lijdende daar by ook dikwils gebrek aan ſoet waater; ſpreekende een van allerlei taalen gemengde ſpraak, die wy, nog
niemand konnen verſtaan. Deeſen hoop yer-
ſonden zijnde, belaſte den Koning aan ſijne
Wijſen, een form van Godsdienſt op te ſtellen, waar door hy ſijn Volk wel zoude konnen regeeren.

Sijn vergaaderden Raad, naa veele overweegingen, ſtelden den Koning de volgende gebooden voor, die maar vijf in 't getal
waaren.

1. *Daar is een Almagtigen God, die Hee-*

F 2   *mel*

mel en *Aarde* geschaapen heeft, en nog onderhoud, dien zult gy alleen aanbidden.

2. Gy zult u Overigheden dienen, gehoor-
zaam zijn, geen Oproer teegen haar verwek-
ken, haar, en uwe Ouders eeren, gewillig
Schatting betaalen, en haare Vonnissen prijsen.

3. Gy zult elk gelijk, en regt doen.

4. Gy zult aan een ander niet doen, als 't geene
gy begeerd dat een ander aan u zal doen.

En naademaal alle haastige veranderingen,
in een Staat of lighaam, ligt groote ontstelte-
nissen baaren, zoo zal het *Volk* dat de Son tee-
genwoordig aanbiddet, bevoolen worden het
volgende vijfde Gebod.

5. Gy zult den Engel *Baloka*, (zoo veel als
Opschryver gezegt) alle morgens in het Oosten
groeten, met uwe oude Priesteren, want God
heeft *Baloka* daar in de Sonne geplaatst, om dat
hy moet goede en kwaade daaden alle daagen
aanteekenen.

Dit laatste Gebod was, om dat de Priesters
haar intrest en eere zouden behouden; de
meeste Priesters hier in 't *Zuidland* zijn zeer
gierig, en hoveerdig, en indien men haar
dat benam, dan zouden zy ligt rebelleeren,
al sou den Staat het onderste booven keeren.

Deese gebooden hebben wy nu nog in dit
ons Land, zonder andere Ceremonien, en
is het disputeeren, en schrijven over het ge-

                                      loove

loove op ftraffe des doodts verbooden. Dit
is wat ik u van ohten Gods-dienft zeggen
kan, dit is ons geheele Wetboek : Maar behalven dit, zoo hebben wy nog veele Spreuken, die wy zoo uit *Europifche* als uit *Afiatifche* Boeken uitgetrokken hebben ; dog dat
zijn geen Wetten, wy leezen die voor plai-
fier, en om tijdverdrijf; deefe Spreuken handelen, van de *Gods-dienft*, *Wysheid*, *Liefde*,
Vriendfchap, het *Houwlijk*, en zeer veele andere, ik zal u eenige ter hand ftellen, die gy
uitfchrijven kond.

Ik antwoorde den *Garbon*, dat ik de Spreuken zeer gaarn wilde uitfchrijven; maar,
datmen in *Europa*, van zulk werk fprak als
van de naakte *Rave van Efopus*, welke van
veele Vogelen, elk een veer leende, en hem
felf daar meede opfchikkende, alfoo hy naakt
was, wierd hy veel bonter dan eenig ander
Vogel, waarom hy door hovaardije de andere Vogelen veragte, welke daar over
toornig wordende, haalden elke Vogel
zijn veeder weederom, doen wierd en bleef
den hoveerdigen Raave naakt, en befchaamd.

Wel *Juan de Pofos!* hervatten hy, als zulke
dingen jemand zeide hier in 't *Zuidland*, men
zou denken, dat dien zegger ons wilde wijs
maaken dat wy gelooven moeften, dat dien

Schryver zijn schriften uit zijn selver had,
zonder hulp van andere Boeken, dat hier
onmoogelijk word gehouden, om dat hier
niet nieuws onder de Sonne geschied. Uit veele Boeken het beste te konnen kiesen, en
dat wel te schikken, word hier in 't *Zuid-*
land voor Mannen-werk gehouden.

Even gelijk, als wanneer beroemde Schil-
ders, haare Beelden van de Outheid ontlee-
nen, die een bekwaame schikkinge geevende, met een goeden stand en natuurlijk co-
lorijt, in een gereegelde perspective, met
een fraye houding en konstige ordonnantie,
dan word zulk een Schilderye gepreesen, en
gaat alhier in 't *Zuidland* voor goed door.

Dat al onse *Zuidlandsche* Geleerden, aan
elken Aucteur, die zy geleerd en geleesen
hebben, 't geleerde en geleesene weederom
zouden geeven, en zulks niet gebruiken mogten, wat zouden zy dan dog voortbrengen?
veeltijds slegte zaaken! dan zou het *Hollands*
rijm van Vondel, dat gy gister avond zeide,
aan gaan.

> Geleerd en Wijs schijnd een, maar 't kan voor
>   *twee verstrekken*,
> *Veel Ongeleerde Wijs*, nog meer *Geleerde*
>   *Gekken.*

En hier in 't *Zuidland* bestaat de Geleerdheid

heid by veele menfchen, niet anders als in
jnbeeldinge, en hovaardye; zulke laaten haar
zelf dikwils ontvallen dat zy geleerd zijn,
en als het tot de zaake komt, dan is daar niet
minder als geleerdheid te huis. Maar het
meefte daar hier de wijfe *Zuidlanders* om
lacchen, is, dat hier onte Geeftelijken, alle
Gelooven veragten, en fchelden, ja vloeken,
en hebben altijd zelfs strijd onder malkander, zy Preeken ons of 't gemeen de vreede
aan, en verwerpen die zelt, houdende geduurig oorlog onder malkanderen. Zy zijn
gewend, boven alle geloven, op de Heidenen te kyven en te fchelden, zeggende,
als zy jemand fmaad aan willen doen, die of
die, is zoo flim of Godloos als een Heiden,
daar nogtans de Heidenen beeter leeven leiden als onfe *Zuidlanders*, en my dunkt, van
de Heidenen haalen en hebben wy onfe *Zuid-*
landfche wijsheid. Want wy *Zuidlanders*
hebben zeer weinig verftand van ons zelven,
en geen andere Boeken, als die wy, door de
Schip-breeking op onfe kuften bekoomen,
daarom heeft den Koning *Chambazi* beyoo-
len, dat men de Jeugd de Heidenfche Auc-
teuren, (die wijfer gefchreeven hebben, als
wy nu konnen doen) niet alleen zal leeren,
maar als die tot mannelijke jaaren gekoomen,
en Hooge Leeraars in haare Schoolen gewor-

F 4   den

den zijn, en op het verftandigfte geoordeelt worden, dat zy die dan voort zullen leeren aan haare Studenten, om die ook door de Heidenfche Schriften, tot hooge wijsheid op te leiden.

Ag! zeide ik, onnofele *Zuidlanders*, in *Europa* gaat het heel anders toe, daar leeven wy als Chriftenen behooren te leeven, in liefde, vreede, en eenigheid. Dat is goed zei den *Garbon*, ik wenfchten dat het hier in 't *Zuidland* meede zoo was; maar God beetert, het is hier al *intereft*, *intereft*, en die fijn tijd niet waar en neemd, die word voor-gek verklaard. Elk zoekt fijn voordeel zoo hard als hy kan; openbaar liegen is teegen de Wet, en daarom ftrafbaar, maar de valsheid en leugens worden met waarheids fchijn opgepronkt, en de eenvoudige daar door bedroogen; dit gaat zoo deur als het valt.

Ik vraagden, zijn hier ook Kloofters in 't Land, voor de Mannelijke en Vrouwelijke Sexen, die een Geeftelijk leeven leiden, als in *Europa* zijn? Neen, zeide den *Garbon*, maar wy hebben twee algemeene Kloofters, dat zijn twee Eilanden, eene voor de Mannelijke fexe, dat wort genaamt *Poele Nemnau*, en dat van de Vrouwelijke fexe *Poele Wonvure*. Op het eerfte mag geen Vrouw, en op 't tweede geen Man koomen,

men, op leevens ftraffe. Dit zijn twee groote, vrugtbaare, en treffelijke Eilanden, rijk
van volk, en worden wel beboud en gere-
geerd. Beliefd gy de befchryving daar van
te hebben in 't Spaans, die hebbe ik. Ik
bedankten den *Garbon*, en wenfchten die te
copiëren, of uit te fchryven, dat hy my
vergunde, en behandigde my de volgende
Befchryving daar van.

Befchryvinge van het Eiland NEMNAN.

Het Eiland daar zig de ongetroude Mannen op onthouden, word genaamd by ons
Poele Nemnan, het leid aan de Weft-kuft
van dit ons hoofd Eiland *Poele Krinke Kesmes*, door een arm van de Zee een uur gaans
breed afgefcheiden. Het is twintig uuren
lang, en elf uuren breed, heeft elf Steeden,
en over de twee honderd Dorpen De Hooft-
Stadt hiet als het Eiland *Nemnan*. Op dit
Eiland vertrekken zig, of worden gefonden,
ongetroude Mannen, en Jongelingen, zoo
om te leeven, als om te leeren. Zoo een
Vaader agt Kinderen had, en die niet konnende voeden, vermag hy fes van de zelve
op *Poele Nemnan* te fenden. Of zoo een oud
Vryer, of Weedunaar, niet wel kan beftaan,
en yverig is tot te Studeeren, of een goede

konft

konft te leeren, die vervoegd hem op *Nemnan*, alwaar hy door neerftigheid en onderwijs,
zijn oogmerk kan bereiken. Hier worden
de armé gekleed, en elk terftond aan de ftudie, konften, handwerken of landbouw &c.
gefteld, elk naa zijn bekwaamheid, of tot
dat geene het welk de regeering noodigft
agt, jeder moet daar doen dat hem belaft
word, onder goede opfigt. Dus kan elk
ruim zijn onderhoud winnen. Niemand
mag uit dit Eiland zonder verlof vertrekken,
het welk hy voor agt jaaren daar gewoond
te hebben, niet bekoomen kan, ook moet
hy een proef doen van dat geene waar toe hy
hem begeeven heeft.

Alle die van *Nemnan* vertrekken, moeten haar in onfe Hoofd-Stad *Kesmes* koomen
aangeeven, en toonen Zeegel en Brief yanden
Gouverneur van *Nemnan*; voor deefe word
haar een Goude of Silvere plaat gegeeven,
daar des Konings Waapen op ftaat, (welk is
de Son daar den Engel Baloka in fit) deefe
plaat is groot of klein, elk naa zijn ftaat.
Wanneer een Perfoon zoodaanigen plaat
bekoomt, kan hy reifen dit geheele Land
door, en word over al met refpect ontfangen, en hy mag zijne Funétie die hy geleerd
heeft, zonder belet te worden, over al oeffenen, hy mag naa fijn eigen zin trouwen,

wen met die geen die met hem trouwen wil.

In de Hoofd Stadt *Nemnan* is een zeer vermaarde hooge School, waar men in alle Faculteiten studeerd, welke bestierd word door een groot getal zeer vermaarde Profesforen, en leeverd daarom ook uit zeer veele treffelijke verstanden. Hier had ook gestudeerd onsen meergenoemden grooten Philofooph *Sarabafa*, welke de Oudheeden onderzoekende, daar schreef, dat deefe Academie aldaar is gestigt voor twaalf duifend feeven honderd en vier-en-vijftig jaren, door den doen ter tijd regeerenden Koning *Ram Ram*, en volgens deffelfs Wet, mag geen Vrouwmenfch haar voet op dit Eiland zetten, of word aanstonds met de dood gestraft. Uit dit Eiland krijgen wy jaarlijks veele treffelijke Geleerden, ook deftige Konftenaars van veele Weetenschappen, Konften, en Ambagten.

In deefe Academie, is gevonden het lang gefogte *Perpetuum Mobile*, of een eeuwigduurende beweeging, als ook het regte *Ooft* en *Weft*. Ook gebruiken de Sterre-kundige aldaar, een zeer uitfteekende gevondene Verrekijkers, daar zy fluks door konnen zien, wat Sterren, Sonnen, of Maanen zijn, welke zelfs ook haare groote en afftand op de Verrekijker aan toonen, netter als de

hoog-

hoogte der Sonne haar op een graad-boog
laat vinden, men siet daar deur wat in onse
Maan te doen is, de Maanen van *Jupiter*,
en *Saturnus* worden daar door zoo klaar gesien als de uurwijser aan onsen tooren, ik seg
deffelfs Eclipse, met haar toe en afneemen,
ziet men zoo net als die van onse Maane.

Deese verrekijker is tregters wijse gemaakt.
Alle deese, en meer andere voortreffelijke
zaaken, moogen op leevens straffe, van niemand gesien, of naagemaakt worden, als alleen van die, die in de Academie zijn en
blijven willen, om dat deese groote zaaken buiten ons land niet bekend zouden worden.

Daar zijn zeer eerwaardige Geestelijken,
schrandere Philosophen, en ervarene Medi-
cijns, &c. Daar houd men zeer sterk staande, dat 'er geen ydel of leedig is. De Philosophen aldaar dit disputeerende, spreeken
dan als met een mannelijken grauw! met
opgetrokken winkbraauwen, *Non datur va-*
cuum! Ook houden zy staande, dat alle be-
weeginge door perssing geschied.

Ik dit dus ver uitgeschreeven hebbende,
vraagde my den *Garbon*, of ik ook eenige
beschryving van het Vrouwen-Eiland wilde
afschryven? Dat ik met alle beleefdheid verzogt. Als hy my dat overhandigde, vraagde

de hy my, of ik ook eenige *Spaanfche*, of *Europifche* Boeken te Scheep had ? Ik antwoorde, jaa, verfcheiden *Spaanfche* en *Hollandfche*, en had nog een deel van *Defcartes Philofophie* in 't Spaans by my , welk hy te leen verzogt, dog ik vereerde hem dat met een goed herte, waar over hy zeer voldaan was.

Befchryvinge van het Vrouwen-Eiland Wonvure.

Het Eiland *Wonvure*, is door een arm van de Zee, een half uur gaans breed van onfe Zuid-kuft afgefcheiden, zijn gedaante is ovaal, of lankwerpig rond, hebbende de lengte van agtien, en zijn breedte van twaalf uuren gaans, daar op zijn neegen Steeden, en twee honderd en tien Dorpen, alle zeer wel bevolkt, bewoond, en beboud, zijnde een vrugtbaar, dog eenigfints Bergagtig Eiland. De Boffchen verfchaffen overvloed van Wild, zoo wel als de Rivieren een meenigte van Vis uitleeveren, dit Eiland leverd alles wat tot des menfchen onderhoud en vermaak kan dienen.

Geen Mans-perfoon mag hier voet aan Land zetten, op ftraffe des doods. Voor twaalf duifend feeven hondert enfes-en-vijftig jaaren, heeft den Koning *Ram Ram* deefe

fe Wet ingefteld, hy was de twintigfte Koning uit de ftamme *Kitalta*, doen regeeren-
de. Dat dit waar is, blijkt uit de Schriften van onfen grooten en wijfen *Sarabafa*,
en word hier geloofd.

Op dit Eiland vertrekken haar, of koomen zoodaanige Weduwen, en Vryfters,
welke in tien jaaren niet begeeren te trouwen, maar die door neerftigheid zoo ver
zoeken te avançeeren, zoo in Studien, Weetenfchappen, als Konften, of Ambagten,
dat zy naa een tien-jaarig verblijf, weeder
konnen vertrekken, en beftaan.

Ook worden daar veele jonge Meisjes naa
toe gefonden, zoo van rijke als armen. De
rijke leeren daar voor geld, eeven gelijk
als in de *Europifche* Kloofters, al wat een
Daame van fatfoen moet weeten. De arme,
worden zoo wel als de rijke, eerft Leefen,
Schryven, en Reekenen geleerd. Daar naa
grooter werdende, leeren zy een Ambagt,
tot 's Lands befte; dus leeren zy Metfelen,
Timmeren, Smeeden, Bakken, Brouwen,
Schoenmaaken, Weeven, &c. Als ook
veele Konften, gelijk Schilderen, Goud en
Silver-fmeeden, &c.

Maar zoo 'er ooit een land van *Amafoonen*
was, zoo is het, het Eiland *Wonvure*: want
hier worden de Meisjes geoeffend in alle
Waa-

Waapenhandelinge, en Krijgskunde; hier
leeren zy te Paard rijden, Waagens men-
nen, Schermen op een hou en steek, of met
Mat en Florèt; Schieten in 't Wit, met
Roers, Boogen, en Worp-lançen; hier
leeren zy alle oeffeninge in den Oorlog ge-
bruikelijk, in *Europa* niet bekend, zoo met
Slingeren op een haar, als anders.

In de Hoofd-Stadt *Wonvure*, is een zeer
voortreffelijke Academie, daar in zijn zeer
vermaarde Vrouwelijke Professoren, welke
haare Vrouwelijke Studenten in alle Taalen
en Faculteiten onderwijsen, zoo wel als op
het Eiland *Nemnan*. Jaa, hier toonen de
Vrouwelijke Sexe, dat haar verstand en bekwaamheid zoo goed is, als dat der Mannen, indien zy opgevoed worden door onderwijsinge, tot Studien, Weetenschappen,
Konsten, of Ambagten.

Hier zijn de Vrouwelijke Sexen, *Theoleganten*, *Poëten*, *Musicanten*. Hier Studeeren zy in een gesonde *Philosophie*, maar con-
trari die van *Nemnan*, want zy houden staande, met goede en kragtige bewijsen, dat 'er
een ydel of leedigheid is, daarom zeggen
zy, *Datur Vacuum*.

Ook houden zy staande teegen de Philosophen van *Nemnan*, dat alle beweegingen
niet alleen door perssing geschieden, maar
dat 'er

dat'er eenige beweegingen door ſuiginge,
andere door trekkinge, andere door voortſtootinge en eenige door naaſleeping, dat
ook een zoort van trekkinge is, geſchieden.
Zy gelooven dat de ſubſtantie, van de Lugt,
die alle perſinge zoude maaken (zoo als men
op *Nemnan* geloofd) nog zoo klaar niet ontdekt is.

Zy zeggen dat een leedige maage van een
zuigend kind of dier, gevuld word met de
melk uit zijn Moeders borſten, door het zuigen van het kleintje.

Zy bewijſen op vaſte gronden, dat Menſchen en Dieren, die geſond zijn, haar lee-
demaaten, door trekkinge van zenuwen en
peeſen, naa haar wille beweegen.

Door voortſtootinge, zoo als een worm
het voorſte van zijn lighaam eerſt voort ſtoot,
of uit ſteekt, en zijn agterdeel, door zenu-
trekking naa hem haald, en hem daar door
van de eene plaats op de andere beweegd.

Dog deeſe Vrouwluiden, welke daar Studeeren, zijn meeſt jong. Daarom zijn'er
ook eenige die haar verkieſinge of geleegentheid niet wel waar en neemen. Dus zeggen
zy van veele Geeſtelijke, Philoſophiſe, en
Medicinaale zaaken, dat die zijn als de *Ora-*
culen van Apollo, die altijd twijffelachtig
waaren, en tweeſins konden verſtaan wor-
den.   Deeſe

Deefe Vrouwelijke Profefforen, hebben ook heel andere gronden van de *Wiskunſt*, als op *Nemnan*.

Op *Nemnan* word aan de Mannen de *Wis-kunſt* geleerd, uit de fundamentele Boeken van eenen *Euclides*, een ouden Heidenſchen Schryver, een Heiden zeg ik, die uit alle goede en verſtandige Boeken, welke voor en in ſijn tijd, over die materie geſchreeven waaren, een kort en zeer geleerd uittrekſel maakte.

Maar op *Wonvure*, leerd men nog veel vaſter gronden, dat de Wiskunſt aldaar niet zoo zeer in figuren, en ſtreeken op 't papier beſtaat, (ten zy men de figuren ge-tallen noemd) welke op 't papier alleen plaats hebben (enkeld aangemerkt): maar dat die door *Tuigwerk-kunde* (*Mecanique*) beſtaan; dat zy alle zeer vaſt en klaar demonſtreren, niet met ſtreeken op 't papier, maar met lighamen van veel'erlei maakſels &c.

Op 't Eiland *Nemnan* weet men niet zee-ker, of men het Weefen der menſchelijke Ziele, moet te huis brengen; om gekend te worden, tot de *Theoleganten*; of tot de *Philoſophen*. De eerſte zeggen uit hun gee-ſtelijk Boek; *een Geeſt heeft Vleeſch nog Been, en de Ziele is een Geeſt.* De *Philoſophen* zeggen; *de Ziele is een onbepaald Denkend*

G   *Wee-*

Weesen, dat denkt; en dewijl denken tot de *Ziel* behoord, zoo behoord ook het gevoelen daar toe. Zy stellen daarom vast, dat niets, als de Menschelijke Ziel gevoelen kan, dat daarom, alle Menschen en Dieren Lighamen gevoeleloos zijn, jaa zoo ongevoelig, als een steen of hout.

Maar op *Wonvure* stranden voor twee jaaren een Schip, daar zeer veele *Hollandsche* en andere Boeken in waaren, die wierden doen voort alle gebragt aan de Academie te *Wonvure*, wijl zy daar aan vervallen waaren; daar waaren onder andere, veele *Philosophen*, *Anatomisten*, *Medicinen*, &c. Straks waaren alle Vrouwen Professoren in de weer. Hier studeerden zy veele nagten over. Noit hadden zy konnen begrijpen, dat een Menschen of Dieren lighaam niet zoude konnen gevoelen. Alle twist-schriften en disputen zijn verboden, dog elk mag sin eigen gevoelen beschryven, zonder een ander Schryver te noemen, of te weederleggen, 't welk hier een Wet is. Zy schreeven uit een *Hollands* Boek het volgende, en zonden dat naa *Nemnan*, om van haar beantwoord te worden.

Twee dingen maaken een Mensch uit, en dit Godlijk werk, zoo groot en wonderbaar! de Ziel, en 't Lighaam; welke te zaamen, een

met

met den anderen zijn, zonder dat, of de Ziel
in 't lighaam is, of met het zelve vermengd,
of vereenigd, naademaal de ziel in 't lighaam
niet zijn kan, of zy moeſt kleinder zijn als 't lijf,
om dat het geene ingeſlooten is, ten zy het kleinder zy, niet kan ingeſlooten worden. Nu het
geene kleinder is, hoe klein het ook zy, is lig- *corporeel*
hamelijk: maar men wil, dat de ziel met het
lighaam zy vereenigd, 't geen zoo het zoo ware, zou iets met iets vereenigd zijn, tuſchen
welke geen zoorte van vereeninge kan begreepen
worden, en dan ook nog, zoude een ziele vereenigd zijn, zonder dat zy daar van bewuſt
waare. Evenwel, om alhier deeſe twiſt niet
te beſlegten, zijnde van te grooten omſlag, het
zy de ziele vereenigd is met het lighaam, het
zyze het niet en is, een Menſch beſtaat uit Ziel
en Lighaam.

Hier geen beſcheid op krijgende, ſchre-
ven zy weeder aan de Profeſſoren van Nemnan, het volgende.

Zeer Wijſe, Geleerde &c. Wy Vrouwen Profeſſoren op Wonŭure, hebben het
geluk gehad, dat verſcheide Europiſche Boeken aan ons gekoomen zijn, waar van, uit
eene van de zelve, aan U. E. geſchreven hebbe, ten einde, zoo U. E. konden, dat te
beantwoorden; maar geen beſcheid krijgende, gelieven U. E. te weeten, dat ook aan

ons

ons gekomen is, het Boek van de Hoofd-
factie der Philoſophen, welke met U. E. een
gemeene grond heeft; te weeten, *dat de Ziel
der Menſchen alleen denkt, en gevoeld*; want
zeid hy, *dewijl denken tot de Ziel behoord,
zoo behoord ook het gevoelen daar toe.* Hy be-
wijſt niet dat denken en gevoelen eene zaak is,
of ook niet, waarom dat gevoelen tot het denken behoord. Wy wenſchten van U. E. hier
in onderrigt te zijn. Hier nevens zenden wy
ook dat wy daar teegen hebben.

*Zoo de Ziele een denkend Weeſen is, dan
heeft zy niet lighamelijks*; daar uit volgd, dat
zy ook ondeelbaar is, daarom zy ook niet
lijden kan, als door denken. Want een
onlighamelijk Weeſen, dat kan niets doen,
nog buiten denken lijden. Daar uit volgt,
dat het onverſtaanbaar, en onbegrijpelijk is,
dat een onlighamelijke, en ondeelbaare Self-
ſtandigheid, als de Ziele is, zou iets konnen doen, gevoelen, of pijne lijden.

Het is begrijpelijk, dat denken, en lijden, of gevoelen, zijn byzondere en afge-
ſcheiden zaaken, doeningen, of lijdingen,
en elk heeft een byſonder begin, en verſcheiden onderwerp.

De Ziele denkt, het Lighaam gevoeld en
lijd, zoo lange zy vereend zijn.

Eenige zeggen, dat de ziele kan oordee-
leh,

len, waar, of op wat plaats, het lighaam gevoeld of pijne lijd. Maar hoe zy in haar
oordeel dikwils bedrogen zijn, is kenbaar.

*Daarom behoord het denken tot de Ziele, en
het gevoelen, lijdingen, of pijne tot het Lighaam*, naa het gevoelen van treffelijke Me-
dicijns en Chirurgijns.

Want het Lighaam heeft niet Ziel-agtigs,
daarom kan het niet denken; maar doen en
lijden is het eigen, zoo lang het met de
Ziel, dat is, met het leeven vereenigd is;
want een onbezield lighaam is dood, en kan
dan niets doen, of het moet bezield, dat is,
leevend zijn.

Zoo ook een onlighamelijk Weefen, dat
kan niets doen, ten zy het met een lighaam
vereenigd is.

Maar zy konnen beide lijden, zoo wel
vereenigd als gefcheiden; dog met dit onderfcheid, dat het Lighaam zonder Ziel of
leeven, geen pijn, maar wel verandering
lijd, op veel'erlei wijfe. Dog met een ziel
of leeven vereenigd, dan lijd het alles, wat
wy bevinden te lijden.

Dus lijd het bezield of leevend lighaam,
door doen, en aangedaan te worden. Hoe
het eene lighaam op het andere werkt, is
wel te begrijpen. Maar hoe een onlighaamelijke ziele op ons lighaam zou konnen

G 3 wer-

werken, of lighaamen op onlighaamelijke geeften, is zoo bevattelijk niet, immers zeer duifter om te begrijpen.

Zoo lang de Ziele met het lighaam vereenigd is, gevoeld zy geen pijne, maar het lighaam lydet: dan kan ook de ziele, zonder welgeftelde lighaamelijke werktuigen (*organa*) niet wel denken, zoo als het blijkt in Kinderen, Gekken, en oude Luiden.

Jaa zelf een goede Ziel, met goede werktuigen, te zaamen gevoegt, en wel konnende denken, dan konnen nog de *Organa* of werktuigen, waar door de Ziel haar biedienende, denkt, en denken moet, met een weinig lighaamelijke wijn, of fterken drank, zoodaanig ontfteld worden, dat de onlighaamelijke ziele (wiens Weefen alleen denken is) niet wel denken kan, dit blijkt in dronken Menfchen Sonne-klaar.

Hier uit blijkt, dat de pijne niet beftaat in *een droevige gedagte van de Ziele*; maar, dat de *pijn is, een ongemakkelijke, of moeyelijke voelinge des lighaams, ontftaande door het rekken der Zenu-draaden.*

Hier by lieten zy het voor dit maal blijven, zoo om de Mannelijke Philofophen op *Nemnan* niet al te moeyelijk te vallen, als ook om dat zy dagten dat haar beroep haar ander werk verfchaften, en zy met iets ge-

leerds

leerds nog moeiten befig zijn, en hunne bekoomene Boeken wel naa fien.

Wanneer op zeekeren tijd al de Vrouwen
Profefforen vergaaderd waaren, om de ge-
fegje bekoomene Boeken naa te zien, wierden haar door de Gouverneurfe van *Wonvu-*
re bevolen, alle de Titul-blaaden uit de Boeken te fcheuren, en te verbranden; niet tot
veragtinge der Schryvers, want zy bekennen, dat zy alle haare weetenfchappen, uit
Boeken van braave Mannen hebben: maar
het is om de Schryvers niet moeijelijk te
maaken, wanneer men haar çiteert, of iets
van haar uitfchrijft, en dan niet prompt by
haare woorden en meiningen blijft: zy gebruiken de Boeken zoo veel zy in haar kraam
te paffe koomen, zy doen daar af, of toe,
naa haar welgevallen.

Wanneer nu al de Tijtul-blaaden van de
Boeken waaren afgedaan, begon een oude
aanfienelijke Profefforeffe, in de Mediçijnen,
welke veele ervaarendheid, en agting had,
op ftaande, al lacchende te zeggen; zeer
waarde Meede-arbeidfters in de Mediçijnen,
die van *Nemnan*, (gelijk gy weet) hebben
altijd groot opgegeeven, dat het Zuur in 't
menfchen lighaam zoo zondigde, dat alle
Ziekten uit zuur beftonden, of, dat zuur,
de oorfpronkelijke oorzaak van alle ziekten

G 4　　　was,

was, jaa dat als een doodelijk vergift aangemerkt, elk verboden wierd. Daar zy nogtans de menfchen niet veiliger nog raffer geneefen als wy doen. Dog de Wereld wil,
en begeerd altijd wat nieus, dit was zoo,
is nog zoo, en zal zoo blijven. De Wereld
wil bedroogen zijn.

Hier heb ik een Boek, van een Man ge-
fchreven, welke onvergelijkelijke vergroot-
glafen heeft; waar door hy bynaa de kleinfte
gefchaapene dingen, als voor fijn ooge ziet.
Deefe ontdekkingen heeft hy gefchreeven
door Brieven, aan voortreffelijke *Societeiten*,
en deftige Mannen; en is dit Boek een ver-
gaaderinge van zoodaanige Brieven.

Hoort toe. Dat 'er Zuur in onfe maagen
en dermen zijn, heb ik konnen begrijpen;
maar noit toe geftaan dat 'er zuur onder ons
bloed was.

Wy zullen eerft zien wat fijne Brieven
daar van inhouden, en die dan met onfe bedenkingen daar over naa *Nemnan* zenden,
om het Mannelijk advijs daar over in te neemen.

Zy het Boek opflaande, begon te leefen
een Brief, uit *Holland* gefchreeven 1681.
den 4. November, waar in dit volgende
ftaat.

Ik zag dierkens in den aftrek, elk twee hon-
derd-

derd-maal kleinder als een globule van ons bloed,
en in de groote van een grof zand, meer dan duisend leevendige dierkens, van drie à vier zoorten.   Eenige dit hoorende, zouden haar nu wel
konnen inbeelden, dat deese dierkens om haar
uitsteekende kleinheid, wel zouden konnen overgaan tot in ons bloed: maar ik beeld my in,
dat die vaten (die de materie, waar uit het
bloed, vet &c. gemaakt word, en over neemen)
zoo klein zijn, of door zulke naauwe passagien
moeten passeeren, dat by aldien zoo een klein
Dierken gedivideerd was in meer dan duisend
deelen, egter om deszelfs groote niet en zoude
konnen passeeren.

Hier is een ander Brief, geschreven 1684.
den 15. Juli.   Daar in is 't volgende.

Uit deese Observatien ben ik nu in mijn gevoelen versterkt, dat ik zoederd eenigen tijd gehad heb; te weeten, dat zeer veele subtijle scher-
pe Zout-deelen, die in verscheiden vogten zijn,
wanneer de zelve in onse Mage koomen, en aldaar zoodaanig koomen te stremmen, dat daar
van de zelve gants geene, ofte weinige, tot het
bloed ofte andere deelen van ons Lighaam over
gaan. Want zoo het waar was, dat eenige
zoute deelen, die in de Wijnen of Azijnen zijn,
in de Maag niet te zaamen stremden, ofte
van figuur veranderden, ik beelde my zeekerlijk
in, dat die in onse bloed- en andere vasen, een

G 5   onlij-

onlijdelijke prikkelinge, steekinge, jaa de dood
zoude veroorzaaken, en dat ik de zelve, in de
eene of de andere tijd, wel in 't zweet, bloed,
of urine zou gesien hebben.

Nog vorder in den zelven brief.

En gelijk ik hier te vooren gezeid heb, dat
ik zout-deelen, van ons gemeen zout koom te
te zien, die meer dan duisend milioenen kleinder
zijn, dan een zand, en egter een nette vier-zij-
dige figuur hebben, dat deese uitsteekende kleine
zout-deelen, uit onse Maag of dermen, tot ons
bloed en andere deelen van ons Lighaam niet
konnen over gaan, of zoo een klein deeltjen
zout, moet nog in een onbegrijpelijk getal van
kleinder deeltjes gedeeld worden.

Nog een brief, geschreeven 1685. den
12. October.

Ik stelle dan vast, dat de substantie, die in
de Maag en in de dermen is, zoo veel verschild
van de substantie die in de Melkvaten is, als
Waater en Wijn; of anders, gelijk wy geen melk
konnen noemen, als een weinig meel met waater gemengd, en daar door wit is, zoo min
konnen wy de witagtige stoffe die in de maag en
darmen is, melk noemen: want ik beeld my
zelven in, dat zoo onmoogelijk, als een lighaam zoo groot als een duiven-ey, door een geheel fijne zeef kan gaan, ten zy het zelve alvoorens gedeeld is in veel deelen, dat zoo min
een

een doorschynende globule of deeltje, dat een
deel is van het geene de bovengestelde witagtige
stoffe maakt, kan door gaan tot de Melk-bloed-
of Water-vaten, alzoo de zelve globulen zoo
groot zijn, by vergelykinge van de membrane
der gezeide vaten, die deese stoffe zouden moe-
ten over neemen, als een duyven ey by de gaat-
jes van een fijne zeef, zoo dat zoodaanigen en-
kelde globule, eer die kan overgaan in de va-
ten, naa proportie van het ey, teegen de fijne
gaatjes van de zeef, alvoorens zoo meenigmaal
zoude moeten gedivideerd worden, &c.

Op dit fundament, zal ik een Brief by
geleegendheid aan die van *Nemnan* zenden,
waar in ik mijn gevoelen van het Zuur en
sijne werkingen, haar zal bekend maaken;
te weeten, dat ik geloof op zeer vaste gronden, dat onder ons menschen-bloed, geen
proefbaar zuur is. Ook, dat het zuur, dat
wy door onsen mond nuttigen, niet in ons
bloed komen kan; ook dat het zout in ons
lighaam, het zuur zoo niet inslurpt of op-
drinkt, als die van *Nemnan* geschreven hebben. Dit, en hoe het lighaam gevoeld, zal
ik aan haar by geleegendheid, als iets fraais
toezenden, en haar mijn gevoelen daar in
aantoonen. Dit was het dat den *Garbon* my
behandigde van het Eiland *Wonvure*.

Ik dit dus verre uitgeschreven hebbende,
ver-

verzogt van hem eenige Spreuken, zoo hy
my beloofd had, raakende haaren Gods-
dienst, om die ook uit te schryven. Hy
had de goedheid, van my de volgende ter
hand te stellen; zeggende, daar hebt gy een
gedeelte, ik zal u by geleegendheid meerder behandigen, deese zijn zoo als onse Priesters die hebben uitgetrokken, uit verscheiden boeken, met een *Zuidlandsche* stijl.

Eenige Spreuken,
Rakende den Gods-dienst, *in een gedeelte van het*
Z U Y D - L A N D,
Op het Eiland
POELE KRINKE KESMES.

Gods-dienst, is als een zeekere zoorte van
regeering, zy is om de zeeden der Menschen
te beeteren, om de gehoorsaamheid der gemeene te bevorderen, en regt aan malkanderen te doen.

De opvoeding geeft elk Mensch zijn *Gods-
dienst*, zoo verscheiden als de Taalen.

Het belang, en vreese maakten in over-
oude tijden verscheiden Godheeden, en
Gods diensten, *Numa Pompilius* was een
van de Instelders.

Het beginsel van eigen behoudenisse was
de

de eerste grond-steen, van een algemeen ver-
bond tusschen Menschen, teegens andere
Menschen, Dieren, Zaisoenen, &c.

De *Wet* is noodzaakelijk om naa de reeden
te leven.

Veele Geestelijke veragten alle zaaken,
die met haar gevoelens verschillen, zy noemen al dat haar teegenspreekt verçieringen,
of ketterijen, en zoo worden de meeste
Gods-diensten, ofte Geloofs-gevoelens
staande gehouden, door voor-oordeelen, ofte om profijt.

De Weereld is omtrent de Gods-dienst
verdeeld, dit baard lasteringen, vervolgin-
gen, moorden &c. om dat zy in gevoelens
verschillen, daarom bespot de eene Gods-
dienst de andere, als een belacchelijke zaak,
die onwaar is: elk beroept hem op zijn *Wet-
boek*, dat een andere gesindheid gelooft vol
grollen te zijn, zoo verschillen de gevoelens en oordeelen der Menschen, door opvoedinge te weege gebragt, want alle ge-
slagten houden haar Gods-dienst met groote
drift staande, zy prijsen deselve elk aan,
met veragtinge, en versmaadinge van andere.

Men vind in alle plaatsen Menschen die be-
lijdenisse van de eene of andere Gods-dienst
doen, en Goddelijke eere aan een, of meer
Opper-

Opper-Weefens bewijfen, naa dat zy opgevoed en onderweefen zijn : daarom is de
Gods-dienft een uitwerkinge van de opvoedinge, en onderwijfinge, daar door zijn zoo
veele verçieringen onder de Goddelijke waar-
heeden vermengt; want de politie, heeft
verfcheiden manieren van aanbiddinge uitgevonden, fchrijvende elk Volk een model
voor, het geene beft met haare geneegent-
heeden (om het vereifchte oogmerk te bereiken) over een kwam, daarom hebben bynaa
alle Volkeren der Aarde vaft geftelt, eenige
plegtigheeden, omtrent haare aanbiddinge.

Maar de meefte Menfchen, vermeerde-
ren haar verftand met de jaaren, behalven
in de Gods-dienft, waar in zy zoo blijven, door haar voor-oordeelen, in de opvoedinge ingezoogen.

De *Wijsheid* van God is zeer duifter in veele menfchen, en *Gods Openbaaringen* zijn
raadfelen, die elk niet kan verftaan; want
de verklaarders der Gods-dienft, voornaamelijk die der Propheten, zeilen niet altijd
op eene hoogte, elke fecte hoe ftrijdig teegen malkanderen, konnen de Schriftuure zoodaanig uitleggen, dat de zelve aan elks opi-
nie gunftig is, daarom bewijft de Schriftuure
niets met zeekerheid, aan onpartijdigen.

De Gods-dienft is in ontelbaare fecten verdeeld,

deeld, elk roemd dat hy de eenige opregte
Wetten van God heeft; daar in teegendeel,
weinig opregte Godvrugtigheid is, veele
menschen ruineren malkanderen, en dan-
ken God wanneer 't gedaan is, over het
kwaad dat zy bedreeven hebben.

Zulk een *Religie* is de befte, waar in men
minft gevaar lijd van tot onordentlijkheden
te vervallen; dog die geene, welke een in-
wendige *Wetgeever* gehoorfaamen, doen beft,
want die leert goed te doen, en in liefde
met alle menfchen te leeven.

Het voornaamfte der Gods-dienft, wil
dat men God vreeft, de Overigheid diend,
fijn Ouders eerd en gehoorfaam zijn, fijn
Vrienden bemind, en alle menfchen regt
doet.

Een menfch moet leeven naa de gaaven
van fijn vernuft, de zuiverheid fijns gewee-
tens, en opregtigheid fijns gemoeds, die
God naa fijn uitterfte vermoogen bemind,
en elken dag fijns leevens als den laatften
aanmerkt; die fterft een vroom Man: en elk
die wel fterft, kan van de Gelukzaligheid
niet berooft worden.

Wie al denkende wil weeten, wat ons
naa onfe dood gebeuren zal, die bevind hem
als in een groote woefte Wildernifle, daar
hem verfcheiden Leits-lieden ontmoeten;
waar

waar van de eene fegt dit is de weg, den tweeden deefe, een derden een anderen: dus in haar berigt verfchillende, weet men niet op wien te betrouwen; wat kan iemand van de *Helle* zeggen, daar niemand oyt geweeft is.

De *Gods-geleerden* doen wonderbaare en fchroomlijke verhaalingen van de *Helle*, terwijle zy, of wy, niet weeten, wat, of waar de *Helle* is, of op welke manier de Godlofen daar zullen geftraft worden; want den ftaat der verhuifde zielen is voor ons ftervelingen verborgen, om dat het climaat daar de zaalige of verdoemde huis houden, ons onbekend is; als ook op wat wijfe, en waar men daar geplaatft word. Zoo ook van den *Heemel*, daar de God-geleerden onuitfpreekelijke vreugden en volmaaktheeden van vertellen, terwijle zy zoo wel als de gemeene, die reife daarwaarts zoeken uit te ftellen.

In de *Gods-dienft*, is groote fchijn van waarheid en valfchheid; dog zy heeft groote invloeyingen op des menfchen Zeeden; daarom, de glimp van Gods-dienft, vermag alles op geringe verftanden, en is daarom veeltijds een dekmantel van veele bedriegeryen en fchelmftukken.

Wagt u voor Figuurmaakers in 't ftuk van Religie, van wat zoorte zy ook zijn,

veele

veele gaan ter Kerken, om door Gods-dienstige Schijnheiligheeden de menschen te be-
driegen, dat zijn regte *Afgoden-dienaars*;
want de Afgoderije heeft geen beeter fon-
dament als leugens, en konst-greepen, zulke zijn *Gods-dienstige bedriegers*, verstandi-
ge Vroed-vrouwen van faabulen; veele ont-
stellen haar herssenen met Sotternijen.

Een andere soort, die geduurende hun leven
struikelen in onbekende weegen, om den
weg naa den *Hemel* te zoeken, terwijl zy
anders niet vinden dan een *Paradijs* van Sotten.

De Gods-dienst is het laatste Plegt-anker,
dat veeltijts word uitgeworpen in den ouderdom, als de vermaaken des jeugds voorby zijn,
en de kwaade Fortuin tegenwoordig is; daar
zijn meer volmaakte Sondaars als volmaakte Heiligen.

Weest zonder veinsen *Gods-dienstig* in u
geloofs-oeffeningen, dog zijt niet al te Gods-
dienstig, nog te yverig in *Gods-dienstige zaaken*. In de Gods-dienst wagt u van woorden
die u zelven geen profijt, nogte anderen eenigen dienst konnen doen.

Alle Natien hebben een yver voor haaren
Gods-dienst, het is niet betaamelijk nog voor-
sigtig, wijslijk, nog Staatkundig, om met
een Gods-dienst in een ander land, daar men

H   woond,

woond, of is, te spotten; want *Moses* zegt,
gy zult de Goden der Natien daar gy woonen
zult, niet lasteren. Alhoewel elk een in
Gods-dienstige of Philosophise zaaken een
vrye keur behoorde te hebben.

De *Phisiognomia* des geloofs, is oneindig,
daarom, niet de konst maakt een *God*, maar
den aanbidder; bid God maar om zoo veel
verstand dat gy u zelf wel kond bestieren,
dan doet gy wel.

Doet u Gods-dienst in 't stille buiten roem;
want by God geeven stilswijgende beloften,
en zagte mompelingen, zulk een geluid als
de grootste stemme; want wie kan de genaa-
de van God vangen, in strikken van een
konstige taal.

Veele zotten roemen God te kennen:
maar hoe konnen wy de *Natuur van Gods*
Wesen, het geen zoo ver boven het bereik
van ons verstand is, begrijpen en uiten, of
aan andere bekend maaken; daarom behoord
men van God niet te spreeken, minder van
hem te disputeeren, maar hem alleen aanbidden: want wy Menschen konnen niet van
een onbegrijpelijke zaak spreeken, of wy
moeten zeer verschillen, en ten eenemaal
strijdige gevoelens hebben, om dat wy daar
van niet konnen spreeken als by gissinge, en
dus kan het wel nieusgierigheid maar geen

ree-

reeden vóldoen, daarom is hy zót, die van de *onbegrijpelijke Goddelijke Volmaaktheid* het onderwerp van menfchelijke redeneeringen maakt.

God is een volmaakt Weefen. Hoe een Weefen volmaakter is, hoe het minder vreem-de hulp in fijn doeningen van noden heeft.

Een *Algemeen Weefen*, moet op een alge-meene wijfe werken:

En, om tot God te komen, moet men denken, dat men niet weefen kan, zonder begonnen te hebben; dan moet men opklim-men tot een *Eerfte Weefen*, het welk geen begin heeft gehad, dat *God* is, die dan den Oorfpronk van my, mijns gelijken, en an-dere zy.

Opregte Gods-dienft leerd, een *Opperfte God* aan te bidden, de onftervelijkheid der Zie-le, en Opftandinge te geloven, en goede Werken te doen.

Aanmerkelijk is het, dat de *Gods-dienft* zel-den veranderd word, in oude, en door ver-ftaanbare reeden; maar meermaals door fcherpte van geweer, of dringende perffin-gen van Dragonders, welke toonen, dat de *Gods-dienft* moet in de *Regeeringe*, en niet de *Regeering* in de *Gods-dienft* weefen; maar die God roemen, én Hem niet gehoorzaa-men, maaken haar gelove leugenagtig. God

heeft

heeft noit van den menſch begeerd, het geen hy voorzag dat hy niet zoude konnen volbrengen.

De naam van *Religie* blijft onder gantſch twiſtige gevoelens, welke malkander verdoemen, die naa 't begrijp der Geeſtelijke, aanneemelijk, of verwerpelijk, zoo ook voor de ooren des toe-hoorders zijn; dog de eerſte en laatſte zijn niet alle eeven wijs.

In de *Gods-dienſt*, is zoo wel als in de Politie in 't gebruik, dat men den eenen verveerd maakt met een Bullebak, den anderen een Popjen in de hand geeft om meede te ſpeelen.

Dit doen de verſtandige Regeerders, op verſcheiden tijden, ook wel aan een en de zelve Perſoonen: Maar zy mijden en ſchuwen alle tweedragt in de Religie, om dat die veeltijds ſcheuring in de Politique mantel maakt. Want de uitterlijke *Religien* werden goed, en kwaad gekeurd, naa het intereſt en paſſien der menſchen. Daarom is het beeter, ſtille te twijffelen aan de verborgendheeden, als te twiſten over het onzeekere.

Spreu-

Spreuken van de Opvoedinge,

Die aan den Garbon gezonden waren van
de Vrouwen op WONVURE.

De *Opvoedinge* geeft aan een Menſch het
meeſte van al dat goed of kwaad, fraai of le-
lijk is; elk is aan de zelve verpligt. Het
Gelove, en de Reeden. Zy maakt ons woeſt
en wild als een wild dier, of ook eenvoudig als
een duif. Zy geeft zulke kragtige indrukken,
dat het onmogelijk is, zig van de vooroordeelen te ontſlaan: of van het bygelove, dat men
in ſijne kindsheid geleerd, en met onſe *Opvoedinge* als ingeſogen heeft.

Onſe meeſte dwalingen zuigen wy met
onſe Moeders melk in, en dit geſchied veeltijds in ons aan onuittrekkelijke wortelen,
door de *Opvoeding*.

Daar is byna niets kragtig genoeg, om
die indrukſelen onſer jonge jaaren te veranderen: of de Zeeden, in dewelke wy van
onſe kindsheid zijn *Opgevoed* te vervreemden:
jaa de kragt van Gelove en Gods-dienſt is
elk aan ſijne *Opvoedinge* ſchuldig.

De *Opvoedinge* maakt alle menſchen par-
tijdig, en de dwalingen des geloofs moet men
aan de zelve wijten.

Wy gebruiken de vooroordeelen onſer *Op-*

voeding door gewoonte, en de gevoelens in onfe kindsheid ontfangen, hangen wy aan met een partijdige herdnekkigheid.

De meefte menfchen ftaan op 't poinct van haar vooroordeelen en de kragt van haar *Opvoedinge*; want zy leeven na haar vooroordeelen, driften, hoedaanigheden, en genegendheden.

Daar zijn 'er die de vooroordelen zoodaanige inbeeldingen verfchaffen, dat zy een man, om eene reeden in een blad, met haar gevoelens ftrijdig, niet alleen fijn geheel Boek zullen doemen, maar den Schryver voor enkel gek houden.

Wy volgen byna altijd de Voorfchriften onfer *Opvoeding*, om dat wy de meefte opinien ontfangen in onfe jonkheid als onweetende, en wy blyven byna alle daar aan gekluifterd tot aan onfe dood, daarom is het zeer fwaar, ja byna onmogelijk, om fonder vooroordeelen te konnen oordelen, hoe hoe veele ook elk pogt en fwerft.

Door de *Opvoedinge* worteld de gewoonte zoo wonderlijk in ons, dat zy veele vervoerd, door gedagten, mond en pen, tot ontelbare wanbedryven. Het zijn als konftig gemaakte vleugelen, welke de Ouders aan de kinderen geeven, door de *Opvoeding*, gewoonte en practijk.

De

De Opvoedinge, en goede Onderwijsinge der
Jeugd,
Is de Bron en Wortel van Eerlijkheid en
Deugd.

Die geene die zorge draagen voor het ver-
gaderen van Schatten, en niet voor de *Op-*
voedinge haarer kinderen, welke de zelve
fchatten moeten erven, dat zijn fotten.

Kwade Ouders zijn de Kinderen kwade
raadsluiden, en voorgangers tot boosheid:
daar en teegen zijn goede Ouders haar kinders als Spiegels, om in alle deugden na te
volgen.

Kwade *Opvoedinge*, is meeft alle kwaad
te wijten Maar goede *Opvoeding*, wel-ge-
maniertheid des leevens, en een fchrandere
geeft, bekomt men veeltijds door goede onderwijfinge en oeffeningen. Want men doet
door *Opvoedinge* met goed onderwijs, een
klein kind groote kanten zeer ras en als by
de taft werken; dat een geleerden Philofooph
niet naa kan doen, maar daar over wel praa-
ten, dat het werkend kind niet verftaan kan,
maar het werkt.

Ouders moeten haare Kinders aan zoodaanige Meefters overgeeven, welke verftan-
dig, deugdig, neerftig, en ervaren zijn,
het moedigd den Meefter en den Difcipel

H 4 aan,

aan, als de onderwijſingen wel begreepen worden.

Een goede *Opvoedinge* der Kinderen, is de grondveſt der Borgerye, en het wel-weſen van Landen en Staaten.

Natuurlijk, is den menſch als een ander dier, want hy word ook Sot geboren, hy is ook wild als een Beeſt; en het zoude doodlijk weeſen van ſijne vryheid beroofd te zijn, indien de *Opvoedinge* het niet verbeeterde. Want, de natuur die prikkeld ons tot vryheid, maar de *Opvoedinge* houd ons in onſe pligt, om dat de Leermeeſters der Jeugd, een zeekere magt hebben over de Sterren haarer geboorte.

De eerſte beginſelen van het menſchelijk verſtand zijn alle valſch, om dat zy de meeſte menſchen verblinden, en ſchieten wortelen door de *Opvoeding*. Daar door bedrijven de menſchen duiſend zaaken, zonder te weeten wat zy doen; de meeſte volgen haar Vaderen voetſtappen, zonder te onderzoeken of zy wel of kwalijk doen: Gewoonte en *Opvoeding*, hebben de Reeden byna van den Aardbodem gebannen.

Om de Waarheid te ontdekken, moet men de overleveringe der Vaderen in twijffel trekken; dan de beginſelen waar in wy opgevoed zijn onderzoeken, en alzoo de ingegekankerde wangevoelens onfer *Opvoedinge*, door den drang van gefonde reedenen in onfe bedaagdheid uit fchrabben.

Want, het is zoo prijflijk, de goede gewoontens aan te neemen, en te volgen, als de kwade te verwerpen. Maar de gewoontens veroorzaaken kwade indrukkingen ontrent de hardnekkige.

De *Opvoedings* overtreft de Natuur. Berifpingen in de *Opvoeding* geven de befte indrukken, wanneer zy gefchieden met zagtfinnigheid en zeedigheid, dog zy moeten op geen valfche gronden gegrond zijn.

De Jeugd is tot ftudie en arbeid bekwaamft, te meer, als men haar kan doen begrijpen, dat het Voorjaar en Soomer onfes leevens, meeft doorgebragt word in dwalingen, onweetenheid, en ydelheid, en dat men daarom voor de Winter des Ouderdoms, een voorraad van verftand en deugd moet op leggen.

Op de aankoomelingen, werken oeffenende Voorbeelden, beeter als de befte onderwijfingen. Want een Exemplaar leeven gaat voor redeneeren, preeken, en fchryven. Den omgang van brave menfchen is den adem der Ziele.

De *Opvoedinge* kan de gaven van de Natuur tot haar hoogfte volmaaktheid brengen.

H 5 SESDE

SESDE HOOFDSTUK.

De Schryver ſpreekt een Hollander, welke met
het Schip de Wakende Boey in 't jaar 1655.
op 't Zuidland geſtrand, en aan Land geble-
ven wàs. Wonderlĳk voorval van den zel-
ven; en Beſchryving van de Strand-bewoon-
ders van 't Zuidland. De Hollander komt
in Krinke Kesmes. Ontmoetinge aldaar,
Komt in de Stadt Taloujnël, zĳnde een
Vryſtadt, en werd aldaar Schoolmeeſter en
Vryman. Den Schryver bezigtigd de Stadt
Elko: wonderlĳken Tooren of Pyramide:
Badſtove; Stadhuis: zeldzame Trouwkaa-
mer, Paleys van den Gouverneur; Vreemde
Dieren: Vermaakelĳke en koſtelĳke Water-
leidingen, Watervallen, Figuren enz. waar
van den Schryver eenige afteekend.

DRie daagen had ik beſig geweeſt met
uit te ruſten, en het voorige te ſchryven, als ik den *Garbon* verſogt, de
Stadt en het omleggende Land te moogen
bezien, hy antwoorden, dat het niet konde
geſchieden, voor datſe weeder tĳding uit
ons Schip hadden, en zĳn volk weederom gekomen was: dog hy wilde gaaren den Gouverneur

neur daar over fpreeken, daar hy terftond
naa toe ging.

Naa omtrent twee uuren, bragt hy my de
zeer aangenaame tijding, dat ik door de Stad
kon gaan waar 't my luíte, en dewijl zijn beroep hem elders eiíchte, zoude hy my een
Man zenden, welke zoo goed *Hollands*, als
hy *Spaans* fprak, om my te verfellen. Dog
mijne reife, zeide hy, zal maar twee daagen
duuren, als wanneer ik u weederom meen te
zien.

Ik bedankten hem met een goed hert,
verfoekende, dat ik met zijn weederkom-
fte, de eer van zijn aangenaam befoek weeder mogt genieten : hy zeide dat zijn pligt
en bediening te zijn. Hy bedankte my nog-
maals voor het gefchonken Boekje van *Def-*
cartes dat ik hem vereerd had, en vertrok
naa een beleefd affcheid.

Nu was het elf uuren voormiddag: te twaalf
uuren wierden wy volgens gewoonte gefpijft.

Met die, die de fpijfe bragten, kwam
een bedaagd Man, eerlijk gekleed, groe-
tende my op de Zuid-landfche manier, dat is,
hy leide fijn regterhand op fijn mond, fijn
linker voor fijn borft, deefe verwiffelende,
bragt hy de regterhand voor fijn borft, en
de linker voor fijn mond, doen beide fijne
armen over malkander voor fijn borft gekruift,

zoo

zoo als men dat in de Oofterfche Landen
doet; en als hy hem boog, fprak hy in goed
*Hollands, God bewäre u alle, zyt welkom
hier.*

Mijn hert fprong op van vreugde, dat
ik Hollands hoorde fpreeken. Ik antwoorde,
God bewaare u ook, zijt ook wellekom.
Hoe! heb ik het geluk van hier ter plaatfe
Hollands te hooren? Hy antwoorde, ik ben
een Hollander. Hoe zijt gy dan hier gekoomen, vraagden ik?

Hy antwoorden, den *Garben* heeft my
verfogt, dat ik u de Hiftorie, of eenige
gevallen mijns leevens, fchriftelijk wilde over
handigen, ten einde gy die zoud konnen af-
fchryven: ziet daar is die, zoo als die in mijn
jeugd heb aangeteekend, doen ik hier eerft
in de Stadt was gekoomen, en alles nog
vers in mijn memorie had: met haalden hy
een Papier voor uit den boefem van fijn rok,
my dat overgeevende, om af te fchryven,
dat ik dankelijk aanvaarden, hem beloovën-
de, dat ras te zullen verrigten, en hem dat
onbefchaadigd weer ter hand ftellen.

Ik zoude volgens mijn verfoek, naa den
eeten, met hem de Stadt gaan befien, maar
was zoo nieusgierig dit af te fchrijven,
(want ik vreefden voor belet) dat van hem
verfogt, dat my nu geliefden te verfchoonen,

nen, tot zoo lange ik dit gedeelte van zijn leevens voorvallen in 't *Zuidland*, afgefchreeven zoude hebben. Welk hy my toeftond, met belofte den volgenden morgen wederom te komen. Den goeden Man naa vriendelijke weederzijdze groetingen vertrokken zijnde, gaf my tijd die af te fchryven, welk het volgende was.

IK was een Jonge van twaalf jaaren, en kon leefen en fchryven als ik op *Batavia* voor Jonge in Kompagnies dienft aank-wam, dit was in het jaar 1655. Daar drie maanden geweeft zijnde, wierd my gelaft om den aankomenden morgen, my met mijn kift te vervoegen op het Schip de *Wakende Boey*, dat na 't *Zuidland* zou zeilen, om de Schipbreukelingen van het Schip de *Goude Draak*, welk daar vergaan was, van daar te haalen, en op *Batavia* te brengen.

Wy daar komende, vonden het Wrak van 't Schip, fchoten drie kanonfchoten tot zein dat wy daar gekomen waren, maar niemand vertoonden hem op 't ftrand; wy niemand verneemende, voeren met de Boot en Sloep na Land, om het daar gebleven Volk van de *Goude Draak* op te zoeken, dog dat alles was vergeefs, wy vonden geen leevend menfch of dier, maar een dor Land en naakte Strand, veel doornen en kreupel-bofch.

Daar

Daar een dag vergeefs gezogt hebbende, zeilden wy den tweeden dag de kust eenige uuren langs, elk glas een kanonschoot doende, zetten weer Volk naa Land om te zoeken, maar vonden niemand, dog zaagen eenige drukkingen van bloote voeten in 't zand.

Den derden dag zeilden wederom by 't Wrak. Settend daar wat van daan voor anker, de Boot wierd geordineerd de Strand langs te ontdekken, op hoope of zy 't Volk van de *Goude Draak* mogten vinden: de Boot was voor eenige daagen met waater, eeten en drinken voorsien, deese ging van Boord de Wal langs; van haar weedervaaren weet ik niet, ook niet of zy 't Volk gevonden hebben of niet.

Voort naa 't afgaan van de Boot, wierd de Sloep naa Land gesonden, met twaalf Man om weeder te gaan zoeken, ik raakten als jonge meede in de sloep, begeerig om ook eens op 't Land te treeden, op hoope van eenige ververssing te vinden, want ik had al eenigen tijd in het Schip als opgesloten zonder ververssing geweest; in zulk een geleegendheid verlangd elk naa land en ververssing.

Ik gelijk een jongen, was blijde dat ik meede aan land kwam, ik dagt weinig om te zoeken naa 't Volk van de *Goude Draak*,

't was

't was my om ververffing te doen. Wy aan
land treedende, gingen landwaard in, naa
giffing wel drie uuren gaans, als wanneer
wy aan een Bofch kwamen. Hier dagt ik
niet anders als om ververffing of eenige vrugten te zoeken. Ik als een jonge my van 't
Volk ftille afzonderende, zonder eens te denken als ik in 't Bofch was hoe daar weder
uit te komen. Ik agter aan gaande, ver-
bergde my agter wat kreupel-bofch, en
raakten dus bofchwaard in, en was blijde
dat ons Volk my uit het gefigt was, ik ftak
een pijp tabak aan, daar meede ging ik het
Bofch in; dog naa ontrent een uur zoeken
geen vrugten of ververffing vindende, wilde ik weeder keeren, en ons Volk of 't ftrand
zoeken, ik ging wel twee uuren om uit het
Bofch te komen, maar ik verdwaalden hoe
langer hoe meer: ik riep, ik fchreiden, ik
kreet tot heefch wordens toe! ik was vol fchrik
en vrees, mijne benaudheid was onuitfpree-
kelijk; nu zag ik eerft dat ik een jonge was,
en jongens werk gedaan had, dat in my het
alderfmertelijkfte berouw baarde. Wat zoude ik doen? ik was moede geloopen, heefch
gekreeten, benaud van herten, mifmoedig
van gedagten. Ik wierp my onder een Boom
ter aarde, zugtende, kermende, en God biddende dat hy my wilde helpen; den avond
viel,

viel, en ik raakten door vermoeidheid in flaap. Ontwaakende, was ik door koud, en de duifterheid baarden in my zoodaanige fchrik en vreefe; dat my mijn hairen te berge reefen, ik beefden als een blad, en het geruifch der Boomen zoo wel als de zuifende wind, ontftelden my elk oogenblik, mijn beklemd gemoed was doodlijk benaud, jaa zoodaanig dat niemand als die in de fchrikkelijkfte doods gevaren zijn geweeft, dat kan denken, weeten of begrijpen. Ik zugten inwendig tot God om hulpe, tot dat den dag begon op te komen, dat my vry wat verligte; ik ftond op, wift niet waar te gaan, wandelden om de wermte te krijgen wat heen en weer, ftak om de koude mijn handen in de fak, daar in voelden ik mijn mes, tabaks-doos, vuurflag, tonteldoos, en een Bifchuit, dit verheugden my niet weinig; dieper taftende, vond ik een kluwentje touw met eenige hoeken, my van een Matroos in bewaring gegeven, daar ik, zoo ik op ftrand bleef, meede viffchen zou; dit gezegde was nu al mijn rijkdom, mijn Scheepsplunjen waren niet veel waard, gelijk elk Zeeman weet wat een Jonge op 't Schip aan heeft.

Ik peurden weer te gang om uit het Bofch te raaken, altijd roepende, ô Heere! helpt my,

my. Ik wenfchten duifend maal dat ik een
Berg mogt ontmoeten, van waar ik de Zee
ontdekken kon, of een Riviere die my tot
aan de Zee zoude brengen; maar hoe ik
meerder zogt, hoe ik al meerder verdwaal-
de, niet eens om eeten of drinken denkende. Ik nam een befluit van altijd regt uit
te gaan, waar my God ook brengen wilde;
dus doende, kwam ik teegen den avond,
wat voor Sonnen ondergang, by een moe-
raffige Poel; waater ziende, dagt ik op drinken; dat proevende, bevond het felve wat brak
te zijn. Groef een weinig daar van daan met
mijn handen een kuil, daar vers waater in
kwam; ik dronk, en wierd verkwikt; het
waater in de poel was drabbig, bruin, en
rood-agtig, als veen-poel-waater, of daar
verrotte blaaden in zijn. Hier zat ik al weer
zugtende, en fchreijende, mijn droevig
weenen had geen einde! geduurig zugten ik;
zeggende, og ik arme Jonge! wat zal ik
doen? waar zal ik heen? ô God! helpt my!

Ik at mijn halve Befchuit op, rookten
een halve pijp Tabak, en dronk uit mijn
kuil; dit alles verkwikten my kragtig. Ik
bedagt my wat ik doen zoude in zulk een
uitterfte nood; Menffchen hulp ontbrak
my, dies ging ik uit nood tot God; ik
maakte mijn kouffen los, viel op mijn bloo-

te knien neder, en riep tot God om hulpe;
bad het Avond-gebed en het Vader Onse.
Ik wierde zelf zoo beweegd onder het bidden, dat ik neer viel, en wierd flaauw en
als van mijn zelve. Dit duurden tot het duister was; en ik moede zijnde, leide my needer, en raakte al schreijende in slaap. Ik
sliep den geheelen nagt door, en wierd wakker als de Son op was, dat my verblijde.

Nu begost ik op mijn behoudenis te denken; ik zat by mijn waaterkuil, en verheugden my in 't vers waater, en dagt, dit is
nog beeter als het stinkend waater te Scheep.
Met scheen het my of ik aangestoten wierd,
ik omsiende, zag niemand, en Bosch-waard
in ziende, zag een zeer dikken hogen Boom,
die zeer kenbaar om sijn dikte was; opstaande, ging daar naa toe; by den zelven
komende, gaf God my in, dat ik Boomen
zou teikenen, om mijn waater niet te ver-
liesen; ik mijn mes van leer, en schilden
hem zoo wat of; ik maakten met mijn mes
een houten beiteltjen tot het boom schillen,
om mijn mes wat te spaaren. Ik maakten
ook een klein houten schupje, en nam een
brave tak die ik voor aan scherp sneed, en
agter aan een braven knobbel had, dit was
mijn geweer. Ik wierd hoe langer hoe ge-
ruster, en ik begon onder dien Boom, daar 't

wat

wat hoog was, een Hutje van takken op te
regten; onder mijn werken kwam het my
weer voor als of ik geftoten wierd; omfien-
de, zag weeder niemand, maar verre van
my ook zulken dikken Boom; ik laatende
de begonnen hut ftaan, ftapteh naa dien
Boom toe, welke ook rondom ontbaft hebbende, en doen weeder naa een die verder
ftond, dit zoo vervolgende, raakten wel
een uir of anderhalf van den poel.

Ik zogt al voort, en dat op een linie regt
uit, om metter tijd uit dit eenfaam Bofch
te raaken; in 't gaan vond ik een Appel!
ô Heer! wat was ik blijde. Ik zag op, en
was onder een wilden Appel-boom; mijn
kodde-fpiets en fchupje van my werpende,
klom ik met groote vreugde den Boom op,
at mijn buikje vol, en plukten zoo veel, die
ik onder den boom in 't gras fmeet, dat ik
af komende, mijn hoed en beide kouffen
vulde, en nog eenige liet leggen.

Ik van boom tot boom die geteikend had
weder te rug, en by mijn eerften dikken
boom komende, die als op een kleine hoogte ftond, groef ik een kuil, welke onder
met blaaden beleide, daar mijn appels op
ley, die weeder met blaaden dekte, en boven met fand overfmeeten hebbende, had
ik een mod-hol.

I 2   Ik

Ik ftak eenige takken in de grond, die boven wat vlegtende, en dagt, dat mijn takken niet dekken, moet den Heemel dekken.

Nu wandelden ik naa mijn waater, dan naa mijn hut, om al wandelende te overdenken wat ik doen zou; mijn droefheid en benaudheid verminderde hand over hand.

In mijn hut fittende, en een appel eetende, dagt ik lieve God, wat is des menfchen leeven, hoe fwerft men van 't eene Land in 't ander om geld en goed, ik heb maar Waater en Appels, en ben nu wel te vreeden als ik die maar krijgen kan, dat ik mijn Appelen nu voor goud verruilen kon, ik zou dat waarlik niet doen.

Wanneer den avond viel, bad ik God, en lei my in mijn hut op wat takken en blaaden ter neer, flaapende veel gerufter als te vooren; des morgens ontwaakende, begon ik bedaarder op mijn behoud te denken, jaa zoodaanig, als of ik in 't bofch mijn leeven zou moeten einden, dat ik te vooren door al te grooten droefheid en angft niet doen kon.

My dagt dat ik eerft eens zou drinken, dan naa mijn appel-boom gaan, en die daar nog onder leggende appelen bergen; daar naa de boomen zoo als ik begonnen had al voort te teekenen of t'ontbaften; en dat op

een

een regte lijn, om zoo eindelijk uit het
bofch te geraaken, en agt op alle Fruit-boo-
men te neemen; zoo gedagt, zoo gedaan.

Ik peurden naa mijn appel-boom, met
mijn kodde-fpies gewaapend; daar komende, vulden ik mijn fakken met die daar onder
geleegen appelen; en al regt uit voortgaande,
ontfchilde ik de boomen op zoodaanigen
verheid, dat ik die makkelijk kon fien, nu
en dan eenige vrugt-boomen vindende, die
byfonder teekende, tot ik naa eenigen tijd
zoo ver kwam, dat een klein foet Riviertje
vond, waar ontrent zig ook verfcheiden en
meer Vrugt-boomen vertoonden, welke ik
niet en kende, maar at daar va￭ Gods-
naam; zy bekwaamen my wel.

Nu vergat ik mijn Mod-hol, Poel en
Appel-boom; ik volgden de Rivier, welke
my naa eenigen tijd uit het Bofch geleide,
tot aan een Berg, aan wiens voet een groote kom van brak Waater was, daar hem
deefe Rivier in-ontlafte, en die kom ontlafte
haar weeder door een fmalle fleuf in Zee,
zoo als ik daar naa bevond.

Ik ruften by deefe kom, en fag een Vifch
fpringen, kreeg een hoek met mijn tou,
bragt die met mijn kodde-fpies te waater,
aan de hoek een ftukje appel doende, en
ving voort een goede Baars, dien ik fchoon

maakte, en van deffelfs ingewand weeder aanflaande; ving ik nog vijf à fes fchone Baarfen, die fchoon maakende, bried ik die aan houte fpeeten, zy fmaakten lekker en goed.

Mijn Tondel was weinig, dies tornden ik een mouw uit mijn hembd, daar de brand in fteekende, doofden dat tuffchen mijn beide Schoenen uit; nu was mijn Tondel-doos weer vol, en ik van alles klaar. Wel gegeten en gedronken hebbende, klom ik den Berg op, van wiens top ik de Zee kon zien, naar giffing een groot uur gaans ver; dien Berg was maar een hogen heuvel, als alleen in het vlakke land ftaande.

Ik had wel gegeeten, als gezegt heb, en wandelden naa de Zee, op hoope of ons Schip of Volk daar nog was; maar vond niemand. De Strand dus langs wandelende, zag ik geduurig om, dat den Berg niet uit mijn gefigt raakte; ik al voortgaande, dagt my dat ik een Maft zag agter een Duin, en met fijn top daar boven over uitfteekende; my dagt ook dat ik voetftappen zag, dog deefe verdweenen weeder.

Op de Duin komende, zag ik een opgeregte Staak, daar een Tinnen plaat aan was gefpijkerd, daar de naam van de Schipper en het Schip op ftond, daar ik meede
geko-

gekomen was. Dit ontstelden my weeder
op 't nieuw, en egter was my deese staak of
paal en bord, als half gefelschap-agtig; ik
was een Jongen, en kusten de Staak verscheiden maal met betraande oogen.

Ik setten my neder met de rug tegen den
paal, het hoofd in de hand, en zag bedroefd
te Zee-waard in. Ik rees weder op, heen
en weder voorby die staak wandelende, en
dikwils het bord leesende, besloot ik de
Paal met mijn handen los te graven, alzoo
die in duin-sand stond, om dat ik de spijkers daar uit dagt te krijgen; dit denkende,
trad agter de staak om daar naa te sien, en
zoo als ik na de spijkers en de paal van agteren zag, wierd ik een Briefje, en een tinnen plaatje daar boven gewaar, welke daar
gespijkerd waaren; vindende daar op, *Jongen, graaft agter deese Staak*; dit ontstelden
my nog meer als eerst de staak had gedaan;
een koude grilling reed my door de leeden,
mijn hairen reesen my te berg, ik wierd benaud, en vreesden zeer, ik beefden, en wist
niet waarom. Ik zetten my weer needer tegen den paal, tot dat ik bedaarde. Doen
nam ik mijn kodde-spiets, en begon te peilen in 't zand, en vond iets hards, omtrent
een vadem agter de staak ik trok met mijn
handen aan 't krabben, tot ik op een plank

I 4   kwam,

kwam, en al voort arbeidende, bevond het mijn Scheeps-kiftje te zijn. Ik riep, ô goede God! ik danke u ô Heere! helpt my dog voortaan; ik huilden van blijdfchap, en al fchreijende arbeiden ik mijn Kiftjen daar uit. Op het dekfel was een Prefenninge gelegt, en om de Sleutel die in 't flot ftak, was doek omgewonden, om dat het zand het flot niet befchaadigen zouw.

Ik floot met groote vreugde mijn kiftje op, en vond het volgende op een Brief: *Jongen, alzoo wy naa neegen daagen zoekens en wagtens, nog Volk van de* Goude Draak, *nog U hebben konnen vinden, is goed gevonden te vertrekken, (alzoo 't op deéfe Kuft kwaad leggen is) en u Kiftjen en goed hier te begraaven, ten einde, indien gy hier koomt, u daar van te dienen. Regt boven op dit Duintjen is een kleyn paaltjen ingeflaagen, daar onder zijn nog eenige noodzaakelijkheden voor u begraaven. Vaart wel.*

Ik viel op mijn knien, dankten God voor fijn goedheid, en bad voor de behouden Reis van mijn Schipper en Schip. Opftaande, ftopten ik een volle Pijp, dat 'er nu op ftaan kon, ik mijn Kift doorfiende, vond daar in dit volgende goed.

3 Hembden, 2 Linnen Hembdrokken, 2 Linnen Onderbroeken, 4 Daffen, 2 Paar Kouffen,
1 Paar

1 *Paar Schoenen*, 1 *Laakenſe Broek en Wambais*,
zijnde dit mijn landganger, 1 *Engelſche Muts*,
omtrent 1 *Pond Tabak*, elf *Pijpen*, 1 *Tinnen
Kopje*, 2 *Tinnen Leepels*, 3 *Meſſen*, 8 à 10 *Vee-
ters*, wat *Naalden en Gaaren*, 2 *Kammen*,
1 *Stoops Boutelje met wat Arak*, 12 *Vel Papier*, wat *Pennen en Inkt*, 1 *Pſalmboek*.

Ik dronk een ſoopje op mijn pijpje als een
Heer. Nu wierd ik weer geruſt en vrolijk.
Ik beſloot den aankomenden nagt by deeſe
ſtaak te campeeren, om mijn goed te bewaaren, daar nog Menſch nog Dier was die
my beroven kon; Jongens werk! Ik my be-
raadende, ging op de duin, en zag het
paaltje, peilden daar met mijn ſpiets, op
twee voet diep was het hard, ik weer aan 't
krabben, dog was nauw een voet in de aarde, of vond een Schop, bloed wat was ik
blijde! ik aan 't graaven, die beeter ſpoet
maakte als 't krabben met mijn handen. Ik
ontdekten eerlang een Plank, en daar onder mijn Kooy, deeſe was nog met een brave Preſenninge omwonden; ik dit alles boven op hebbende, vond in 't openen den
volgenden Brief.

*Jongen, nadien gy moogelijk u leeven hier
zult eindigen, is verſtaan u dit goed te vereeren. De Meeſter geeft u ſijn Brand-glas, om
by gebrek van Tontel vuir te maaken, neevens*

I 5 *een*

een stuk Swaavel tot Swaavel-stokken. Vaart-
wel.

Ik was yverig alles door te zien, en vond
dit volgende goed; 1 *Plank*, 1 *Brave Pre-
senning, mijn Hangmat, Bultzak, Kombaars,
Hoofdkussen,* 1 *Sloop*, 1 *Bijl*, 1 *Kort-roer,*
2 *Kardoesen Kruit,* 100 *Kogels,* 1 *stuk Plat-
lood,* 1 *Scheeps-houwer met sijn riem,* 1 *vaatje Brandewijn,* 2 *Stoops Botteljes Spaanse Wijn,*
100 *Beschuyten,* 1 *Kooperen Pannetje van een
Mingelen,* 1 *Keulscbe Pot met Tabak,* nog een
Prik, weegende wel 2 à 3 *pond,* 1 *Blase met
Kruit, nog* 1 *Kardoes met Kogels,* 2 *Lijnen
Vis-want,* 1 *Doosje met Hoekken,* 12 *Vuir-
steenen,* 1 *bosje Swaavelstok,* 1 *bos Pennen,*
1 *Pennemesje,* 2 *Boek Papier,* 1 *Looden Inkt-
pot, met* 1 *kannetje Inkt, het Nieuwe Testament, de Reise van W. Y. Bontekoe, en die van
P. van den Broeke, nog een rond Spiegeltje in
een blikken doosje*

Nu veranderden ik van voorneemen om
by de Staak te blijven. De Weg van de
Berg òf heuvel tot hier toe, had ik als een
winkelhaak gegaan, dat nu regt toe regt
aan veel naader was; dies dagt ik dus mijn
weg te neemen.

Ik maakten mijn Kist leedig, die weer
vullende met de Beschuit, Bussekruit, Tabak, Papier, Boeken &c. Ik trok drie
Hem-

Hemden aan, met nog een onderkleed, en hong de Houwer op de zijd, de Bijl en Schop op de nek, en twee Boutteljes met een tou om den hals; dus ging ik naa mijn Rivier toe; en alzoo het warm was, fweeten ik niet weinig, dat ik met een friflen dronk weer herftelde. Terwijl als ik ruften, dagt ik wat ik doen zou; ik groef een groot gat op een hoogte, dat beftrooiden ik onder in met blaaden, daar takken over heen ley, daar op bergden ik mijn goed, dit dekten ik met takken en zooden; des agter-middags haalden ik mijn koóije, met het roer, een blaafe met buffe-kruit, kogels en by-fchuit in mijn zak.

By de Rivier komende, floeg op de hoogte by mijn Kelder, vier paaltjes in de grond, daar mijn hangmat aan vaft maakten. Ik deed nog een togt, haalden de prefenninge, bouttelje met arak, vis-wand, en hoekken, met wat kogels; by mijn kooy koomende, fliep ik geruft, tot den dag aankwam; deefen dag kreeg ik al mijn goed by de rivier; nu was ik een rijk man! Ik kreeg, pen, papier, en inkt, en fchreef dit voorgaande op. Ik fprak een Gebedt, zong een Pfalm zoo goed als ik kon.

Nu moeft ik een goede plaats voor mijn hut zoeken; rondom ziende, zag niet verre van

van my een braven hogen en groenen heuvel, digt aan de rivier; ik ging derwaarts, die besiende, behaagden my wel. Mijn Bijl en Schop gehaald hebbende, kapten ik zoo veele groote en kleine takken, als ruim noodig had; die in de grond graavende en steekende, boven en rondom door een vlegtende, zoo digt als mogelijk was, en maakten in korten tijd een digte hut. Die dus verre voltooid hebbende, haalden ik mijn Wand, dat ik in de zoute kom geset had, op, waar aan verscheiden Baarsen waaren; hier van kookten ik in mijn Pannetje. Wel gegeeten, en een koelen dronk genomen hebbende, haalden ik mijn hangmat in mijn hut, die wel ophangende, bragt ik daar mijn kooy in, met mijn meeste goed.

Nu wilde ik de Kom eens aan deese zijde omwandelen, en zien wat daar te doen was. Daar de rivier in de kom valt is 't waater zeer rood, als ook de strand daar ik groef, was het als leem, kleeverig en glad; ik smeet een schop vol wat ver op 't land, om te zien wat het was, een quartier-uur voortgaande, vond een roode klippige oever, met veele kuilen; dit duurden wel een groot quartier, als ik weerom wandelde, om de roode leem te onderfoeken, die wat dun uitbreidende, ging naa mijn hut; ook haalden ik wat vrugten.

ten. My fchoot in, dat indien de Leem
goed was, ik een fchoone Hut zou konnen
bouwen. Naa de leem gaande, bevond ik
dat die droog, herd en fterk waar, daar over
ik my zeer verblijde.

By mijn hut komende, practifeerden onder
een pijp tabak wat my te doen ftond. Ik
hieu een party dikke en fteevige Takken,
die van alle zijd-takken gekort hebbende,
groef die vry diep en digt by malkander in
de grond, als een ronde kring; zijnde dit
rond agtien van mijn voeten wijt, dit begon ik van onder op te vlegten, als een
Boeren-tuin, en alzoo ik daar aan byna geduurig arbeide, had ik dit in weinig daagen
zoo hoog, als van de grond maaken kon.
Niet hooger konnende koomen, moeft ik
een ladder maaken, waar toe twee brave
regte takken bereide, elk lang negen van
mijne voeten. Maar alzoo geen boor nog
beitel had, moeft ik met mijn mes de gaten
maaken, 't welk my zoo hard viel, dat bla-
ren in mijn handen kreeg, mijn arbeid moeft
ftaaken, en ligter werk doen, of ftilzitten.

De deur of ingang van mijn Hut, had ik
vijf van mijn voeten hoog, en derdehalf
breed gemaakt; hier toe wilde ik een deur
vlegten, daar meede befig zijnde, fchoot
my in, dat ik in 't Vaderland wel vierkante

Vogel-

Vogelkooitjes van willige Teenen gemaakt
had. Ik liet de deur ftaan, en begon te arbeiden aan een Boodem van anderhalf voet
vierkant; deefe aan de zijd ook anderhalf
voet optuinende, had ik een mand, en die
omkeerende, een ftoel, koftelijk huis-raad!
Ik hier meede naa de leem-ftrand, fmeerde
mijn mand van buiten met de leem, die in
de Son droogende, befprengden die met
een groene tak met waater, dan de reeten
met de hand digt ftrijkende, wierd mijn
mande zoo digt en hard, als of fy met roode fteen omtrokken was, dat my niet weinig verblijden; nu kon ik kiften voor mijn
goed maaken, en wat ik van nooden had.

Dit deed my denken, dat ik terftond weer
begon te vlegten nog twee zoodaanige korven; deefe veerdig hebbende, hakten ik een
fteevig hout, een vadem lang, aan elk eind
een touw, bond de manden daar aan, dit
had ik als een melk-juk; hier haalden ik nu
leem meede naa de hut. In de hut eenige
kijkgaaten gefneeden hebbende, tijden ik
aan 't fmeeren, fprengen en ftrijken, en kreeg
mijn hut in drie daagen vijf voeten hoog,
befmeerd, glad en droog, en was zoo vaft
en hard als of fy van roode fteen gebakken
was.

Mijn handen weeder herftelt zijnde, vatten

ten ik mijn leer weeder aan, windende linnen om mijn mes, en wat langfaam werkende, kreeg daar vijf fporten of treeden in; door behulp van deefe, tuinden ik mijn hut boven toe, laatende daar-boven in een gat een voet groot, zoo voor lugt als rook, dat ik met een dekfel kon fluiten en oopenen. Mijn dak beftreeken en droog geworden zijnde, meenden ik een Kafteel te bezitten. Voorts maakten ik verfcheiden manden, die als mijn hut met roode leem bekleedende, zoo tot berging van mijn goed, als om winter provifie in te doen.

Ook bouwden ik nog een fchoone vierkante hut by den mijnen aan, die vijftien voeten elke zijde vierkant was; een fchoon en fterk gebouw, hebbende boven een gat als mijn ander, en beneeden kijkgaaten. Nu was ik al Heer van twee Kafteelen, daags fchreef ik mijn doen aan, en door 't dikwijls leefen, kon ik dat al van buiten.

Op een tijd wat vrugten willende haalen, zag een braven heuvel als met handen gemaakt, deefe was rondom befet boom aan boom in de ronte, en een boom in 't midden; ik kon deefe van mijn hut zien, maar had daar nooit aan gedagt, dit was vier honderd treeden van mijn huis. Ik my bedenkende, haalden mijn bijl, en kapten drie

boomen

boomen twee voeten boven de grond af,
daar binnen treedende, kon niet anders zien
of dit was daar zoo gepoot; mijn leer haalende, kapten ik de boomen in 't rond af,
laatende de ftammen tien voeten hoog, den
middelften ftam liet ik twintig voeten lang,
hem berovende van alle fijne takken, en haar
alle aan de grond ontbaitende.

Deefe Boomen waaren in de rondte agtien
en twintig duimen dik; hier dagt ik een
Fortres te bouwen! ging daar daags voor
tijdverdrijf aan tuinen, met dikke takken,
die ik met een ftaak op een floeg. Dit Kafteel wierd naa eenigen tijd volmaakt op het
dak naa, dat 'er ook naa verloop van tijd
meede op kwam; mijn deur was twee en
een half voet vierkant, twee voeten van de
grond; hier haalde ik mijn vaatjen Brandewijn, en een blaas vol Buskruit, mijn halve Befchuiten, wat Kogels &c. Op 't laaft
ging ik daar met mijn Kooy en meefte goed
woonen, begraavende het overige in mijn
andere Huifen, daar 't wel bewaard was.

Ik had ook al een geheele, fteene mand
vol zout gewonnen in de kuilen van de roode rots, aan het einde van de zoute kom.
Ook had ik al een brave party gedroogde
Vifch gemaakt. Ik had ook veele korven
van buiten en binnen met roode leem bekleed,

kleed, en dekſels daar op, gevlogten Taafels, Stoelen, en Bedſteede; mijn leeven
was nu geheel geruſt.

Ik wiſt van geen daagen, weeken, maanden, nog jaaren. Ook wiſt ik niet hoe lang
ik daar geweeſt had.

Naa een langen tijd, als ik geruſt ſliep
in 't midden van een duiſtere nagt, hoorden
ik een vreeslijk gebrul, verwerd door malkander, dat my wakker maakte; dog ik
bleef geruſt, alzoo my niemand, nog Menſch,
nog Dier, in mijn Fortres kon beſchadi-
gen. Egter maakten ik vuur, dat ras gedaan was, alzoo altijd een goed deel zeer
drooge takken, en ook gekloofd grof hout
had; mijn deur was geſlooten, en mijn kijkgaaten toegeſtopt.

Mijn Geweer klaar gemaakt hebbende,
leide wat hout aan, en ging weer te kooy.
Den dag komende, was ik nieuſgierig te
weeten wat 'er was; mijn kijkgaaten openende, zag ik ſeeven ſwarte Stieren, die
ſcheenen als gevogten te hebben, alzoo 'er
twee à drie onder waaren die bloeden. Eene
na mijn Kaſteel komende, kwam op twaalf
of veertien treeden by my, ſtil ſtaande, en
ziende naa mijn fort; ik leide mijn roer uit
een kijkgat, en ſchoot hem regt in ſijn ſter-
re, dat hy needer plofte, en terſtond weer

K   laaden,

laadende, maakten my gereed of 'er meer kwamen, maar de andere vertrokken weer Bofchwaard in. Dit was het eerfte Wild dat ik gezien had.

Ik naa hem toe, met fchop, houwer, en mes; hy lag op zy, ik konde hem niet op fijn rug krijgen, dog groef een greb agter hem, daar hy ontrent op fijn rug kwam in te glijen. Ik hieuw met de Bijl de ftrot af, daar hy dapper uit bloede, hem optornende, was hy zeer vet; en haalden uit mijn ander huis een teenen taafel, daar het vet op leide, dat zeer veel, en meer dan honderd pond was; ik teeg ftrak aan 't fmelten met mijn kooperen pan, en kreeg twee brave geleemde manden vol vet, als ook drie manden vol van het befte Vlees, dat ik zouten; de blaas die blies ik op, de dermen reinigden ik aan de kom, eenige droogden ik, andere vulden ik met gezouten vlees en vet, daar van eenige in de rook, en andere in de lugt droogende; fijn hoorens floeg ik af, die drogende en fchrapende, waren goede beekers.

Ik kookten en braaden van hem, tot hy begon te ruiken, doen maakten ik een diepe groote kuil, laatende hem daar in glijden, hem wat met hef-boomen helpende, en met aarde bedekkende, en dankte God

voor fijn goedheid. Veelmaalen op elken
dag, zag ik met vreugde nâa mijn koft.
Mijn Brandewijn nog Wijn had ik niet aan-
geroerd; ik bewaarden die voor een zieken
dag, egter kreeg ik luft, en moft eens proeven, nam op een morgen wat Brandewijn:
des middags wat Vlees eetende; nam mijn
half tinnen kopje vol Spaanfche Wijn dâar
toe; my dagt of ik met Goden ter Bruiloft
ging! daar meede was het tap toe, voor een
langen tijd.

Nu was mijn dâagelijks werk, Zout maaken, Viffchen vangen, die kooken, braaden, en droogen; Kiften en Manden te
maaken van veel 'erley groote en fatfoen,
die van binnen en buiten met leem digt te
ftrijken, en dan te droogen; hout te hakken en te droogen, waar van altijd een hut
vol in voorraad had, nevens nog een groote
mijt of ftaapel; ook had ik een brave mand
vol gedroogd fchraapfel van hout, dat vliegens met een brand-glas vuur vatte.

Dit was nu alles wel, ik leefden dus vrolijk
en geruft in mijn eenfaamheid. Had ook een
goede hut geboud aan de kom op de leem-
ftrand, waar in zijnde, kon viffchen, flaapen en kooken; dit was een plaifierig ding.
Ik had ook een hut geboud op den heuvel
of berg, maar die beleemden ik niet om de

groote moeite; dog ik maakten in mijn fortres een leemen vloer, welke glad en suiver
opdroogde, dat braaf was, maar te koud
voor mijn bloote voeten; ik was bloots
voets, om mijn schoenen en koussen te spaaren, en was bynaa naakt, om mijn goed te
bewaaren, mijn hembden en kleeren wierden oud, en my ook te klein, als ik een
onderkleed aan trok, liet ik mijn hembd uit,
niemand kon sijn goed meerder spaaren en
bewaaren dan ik; egter moest ik eerst van
mijn hangmat, doen van mijn bultzak my
kleeden, en sliep op drooge blaaden in een
gevlogten bedsteede, dat heel goed was.

De kom verschafte my Visch na begeeren, gedroogde Visch was mijn Brood, die
at ik tot het gezooden of gebraaden, en bekwam my zeer wel; nu en dan schoot ik
een wilden Stier; ik bouden hutten in overvloed uit tijdverdrijf, en had nu al dertien,
nevens een gallery aan de kom. Mijn Baard
begon uit te botten, een vast teeken dat ik
hier al lang gewoond had; dog ik was altijd vrolijk en gezond.

Eens op een tijd willende zien waar de
Rivier van daan kwam, nam mijn roer en
houwer meede, naa een uur gaans naa gis-
sing, zag als een heel moeras bysijden de rivier vol Biesen staan, en veele biesen langs
de

de kant; dit kwam my wel, een goede reſt
bieſen geſneeden hebbende; ſpreiden die
van een om te droogen, ſneed voorts een
bos, nam die meede om lamp-pit te maaken, alzoo veel Vet in voorraad had, want
nu en dan ſchoot ik een wilde Stier.

Lamp-pit hebbende, maakten ik een looden lamp, als Matroos te Scheep doet; nu
branden ik des nagts ligt, dat my groote
vreugd was. Naa eenige daagen haalden ik
verſcheiden dragten drooge Bieſen, weer andere ſnijdende en te droogen leggende, ver-
ſaamelde alzoo een geheele hut vol; hier
maakten ik matten van, om op mijn blaaden te leggen, dat uit de kunſt was; en
maakten ook deekens om over te dekken
zoo veel begeerde; eindelijk, ik kleeden
my in bieſen, wat kan de armoed niet ver-
ſinnen! En nu deed ik bynaa niet als matten te maaken van bieſen, zoo grooten als
kleinen van alderhande fatſoen.

Dus leefden ik een geruimen tijd wel te
vreeden. De vloer van mijn fortres had ik
nu met bieſen matten beleid; ik had ook
wel agt à tien Stieren-vellen gedroogd, zoo
groot als die konde afvillen, deeſe waaren
goed tot ſchoenen, kouſſen, &c.

Nu was ik geheel bekend in 't Boſch, en
wiſt Sonnen op-en needergang wel waar te

nee-

neemen ; aan Sonnen opgang was de Zee,
teegen over de Rivier was de Son middaags,
aan Sonnen ondergang was het Boſch en
Land.

Eens op een tijd begon het uitter Zee helder op te blaaſen, dat hand over hand toe-
nam, met donder en blixem, dat het boſch
ſcheen om te waaijen ,. het ſtormden zoo
vervaarlijk, met reegen en felle donderſlaa-
gen, dat ik, alhoewel in mijn Kaſteel zijnde, geheel benaud wierd, en van ſchrik my
niet wiſt te bergen ; jaa Boomen wierden
uitgerukt, de Wind gaf zomtijts ſlaagen of
het donder-ſlaagen waaren; dit duurden wel
twee daagen en nagten, als wanneer het bedaarden.

Ik zag de Lugt nog ſterk trekken , ging
op den Berg in mijn uitkijk, de Zee ſchoot
nog zeer hol ; en weer afkomende, ging
wat Viſch vangen , onder het viſſchen begon de wind weer hand over hand aan te
haalen.

Met een mande met Viſch naa mijn fortres gaande, begon het als vooren hoe langer hoe herder te ſtormen. Het was nu volle Maan, de Wolken ſcheenen over de Maan
te vliegen ; ik zat in ly van mijn Kaſteel,
alzoo het droog weer was. De Maan wierde al langſaam duiſter, even als een Eclips,

dat

dat my verfchrikte en in mijn huis deed gaan;
mijn lamp brande, en ik ging, naa dat wat
vuur aangelegt had, te kooy, dog kon niet
flaapen, maar was vol fchrik en vreefe.

Dag wordende, zag het waater in Zee
zeer verbolgen en hoog, de wind bedaarden; ik ging weer naa den Berg, om de on-
geftuime Zee eens te befien, maar vond mijn
Hut niet, deefe was op de grond afgebrooken, en al mijn tuinen en vlegtingen waaren weg, die ook nooid weer gefien heb,
dat my daar naa een ander deed bouwen.

Ik Viften weeder, en kookten die by de
kom; wel gegeeten hebbende, wilde ik na
de ftukken van mijn Hut den Uitkijk op
den Berg zoeken; boven komende, zag eenige fwarte dingen in Zee, dog kon die niet
bekennen. Ik had een halve ontfteltenis van
den vorigen Storm gehad, en voelde my niet
wel, nam wat Brandewijn tot mijn verkwikking, welke uit mijn Fortres haalde, daar
die ook dronk, dat my kragtig fterkten.
Doen ging ik naa 't ftrand; de wind was
nog fterk uit Zee, en maakten uitneemend
hoog waater.

Ik zag een Sloep regt naa ftrand drijven,
haalden ft ak mijn Vis-touw, en trok mijn
biefen rok uit, doen nam ik hem waar; hier
was een vlakke ftrand, en by gevolg geen

K 4   brant

branding. Ik kreeg de Sloep vat, en fleepten die al zagjes in de fleuf of uitgang van de kom, wel een half quartier binnenwaarts; de Sloep had geen Riemen, maar voor in lag een Dreg met een Tou, die ik aan land vaft maakte. Ik was byna afgemat om de Sloep van land te houden, dog had hem nu vaft.

Ik ging na mijn Kafteel, maakten vuur, warmden my, en nam een half kopje Spaanfche Wijn, dat my weer kragten byzette. Weeder aan ftrand komende, zag veele Vaten, Kiften, en Pakken aan komen drijven, waar van eenige al vaft zaaten op 't ftrand; een waar teeken dat in den vorigen Storm een Schip hier ontrent gebleeven ofte vergaan was; ik haalden knap mijn bijl, floeg eenige Kiften op, en vond daar in Hembden, Plunjen, Tabak &c. zoo als Matroos of Soldaat gewend is meede te neemen; de meefte waaren van binnen nog droog. Ik plunderden zoo veel ik konde, brengende voort een dragt à vier in mijn kafteel; dat nat was droogden ik. Mijn biijdfchap kon ik niet uitdrukken, en kan ook niemand weeten of denken, als zulke die in de alderuitterfte armoed geweeft zijn.

Eenige Kiften was geen of zeer weinig waater in gekomen, uit die trok ik voort

een

een hembd en plunjen aan, meenden waarlijk zoo rijk te zijn als een groot Koning;
vond ook eenige Beſchuiten, die nuttigde
met wat Spaanſche wijn, 't welk my weer
ſterk maakte.

Naa 't Strand gaande om meer te haalen,
zag ik een gants Agter-Schip aan koomen
drijven, met nog veele Tonnen, Kiſten, Boſ-
ſen Stokvis, Planken &c. Nu wierd ik
verblijd, hoopende dat daar in nog een leevend Menſch zouw zijn tot mijn gezelſchap.
Dit dreef zoo ver op ſtrand tot het vaſt bleef
zitten, als ook veele goed, zoo genoemd
heb. Het was nu by uitneementheid hoog
waater als dit goed op ſtrand aan kwam; de
wind bedaarende, en 't waater vallende, zat
het Wrak zoo hoog en droog, dat daar niet
in konde komen, maar liep daar rondom,
roepende en ſchreeuwende, of daar Volk in
waar; dog niemand gaf antwoord.

Ik het met aandagt rondom beſiende,
zag dat het geheele Stuur-boord aan ſtuk-
ken was, de beſaans-roede lag dwers over 't
ſchip, en de beſaans-ſchoot, hing over
bak-boord, daar het geheele Wrak over helde;
ik kreeg het tou vat, en klom teegen 't Wrak
op; ik vond niemand, ik zogt onder en boven ik kwam in de Hut, daar ſes Kiſten, en
drie Kelders vond, met een groote Engel-

fche Dog, welke my fiende kwifpelfteerte, en mijn hand lekten; op 't halve dek was een groote Keulfche pot met water; aan bak-boord onder het halve dek, twee Stukken die uit haar Poorten keeken, en een Stuk met fijn ropaard omgevallen, van ftuurboord daar tegen aan gerold, de kajuyt had vier venfters, de glafen waren weinig befchadigd, de Kapiteins kooy nog geheel in wefen.

Ik dit gefien hebbende, wift niet wat te doen; wat gepractifeert hebbende, haalde al 't loopende wand van de befaans-matt, en hakten de befaans hoofd-touwen boven onder de mars-zaaling af, die buyten boord vallende, raakten by naa grond; hier kon ik met mijn gemaakte leer gemakkelijk by. Ik al weer na beneden, dan booven, roepende of 'er geen Menfchen waren; dog kwam nog hoorden niemand.

Onder 't halve dek herom foekende, zag ik de Timmermans-kift open, daar in was zaag, hamers, bylen, beitels, fchaaven, booren &c. Ik met bijl, haamer, breek-yfer &c. weer na de hut, daar tien koyen in waren, en in de koyen waren nog drie kelders. Ik fmeet twee Bultfakken, twee Dekens, en vier hooft-kuffens over boord, om naa mijn Kafteel te brengen, ik opende een

Stuur-

Stuurmans kift, vond daar in twaalf goede
hemden, getekend H. G. met drie pak on-
der-kleeren en een Landganger, een Kaas,
Tabak, Pijpen, Zee-Atlas &c. Ik fmeet de
Hemden en Plunjen ook over boord, en
daalden langs de befaans hoofd-touwen af,
om dat alles te bergen.

Den grooten Engelfchen Hond, kreet my
naa, en wilde van boven fpringen; dit be-
woog my weer naa boven te komen; ik
bond hem de bek toe, en liet hem met
de befaans-fchoot na beneden, daar ik hem
volgde; defen Hond was grof en fterk, en
ik gebruikten hem tot mijn Laftdrager.
By hem komende nam ik zoo veel als draagen kon na mijn Kafteel; hier wat ruftende, en den Hond wat gekookte Vis gevende, met wat water, bewees my dat beeft
hoe langer hoe meerder vrindfchap.

Den Avond viel, ik was vermoeid, dog
ging met mijn *Drager*, (zoo noemden ik mijn
Hond) naa de rivier, en deed hem drinken; ik had daar een party gekookte Vis, die
hy op at. Wy weeder na mijn kafteel gaande, en daar komende, fneed hem van een
drooge Stieren huid een Vel over zijn lijf;
ik nam twee ongeleemde manden van anderhalf voet, ook van een voet, die met twee
touwen aan een hegtende, dit was fijn ge-
reedfchap, om te dragen. Ik

Ik maakten vuur, kookten braaden
Vis, at met mijn *Draager* ons buiken vol,
wy sliepen gerust. Des morgens met den dag
ging met *Draager* naa 't Wrak, zetten hem zijn
manden en vel af; boven koomende, sloeg
ik de kisten op een ry open, vond kleeren,
Linnen, Tabak, Koopmanschap, Beschuit,
kaasen &c. In eene kelder stak een sleutel in,
daar ik wel vier meede op maakte, die alle
vol Brandewijn waren; ik wierp weder linnen, wollen, en wat my diende over boord,
en besteeden dien dag, met ons beiden te
draagen, wel eetende en wel drinkende. Het
Wrak sat als schuins op de agterste bil van
bak-boord, en was beneden nog vol water.
Ik bergden al wat ik kon, niets mishaagden
my, in elk van mijn hutten kwam vry wat
goed.

Ik maakten nog twee langagtige manden
voor *Draager*. De kelders liet ik met de
bezaans-schoot af; ik droeg linnen en wollen, en *Draager* elke reis ses stoops flessen;
dus kreeg ik haast de seeven kelders over. De
leedige kisten kon ik ook als de kelders af-
laaten, maar kon die niet voortkrijgen, tot
my inviel, dat een zaag had, ik zaagden
vier blokken van een gaven ronden Boom,
maakende daar van vier raaden, die onder
een langwerpig vierkant vast maakende, toen
had

had ik een waagen. Trekgereedfchap maakten
ik voor *Draager*, welke de waagen met een
kift makkelijk kon trekken als ik wat aan-
fchoof. Dus kreeg ik in weinig tijd veel groote en kleine kiften, eenige boffen Stok-vis,
met veel 'erley goed.

Hier naa de Kajuit vifiteerende, vond vier
kleine tonnetjes fijne Befchuit, elk tonnetje
als een biervierendeel, Kannen, Glaafen,
twee Silveren Beekers, Bouteljes met Wijn,
Bier, Oli, Azijn, de Kooy met fijn Gor-
dijnen, Stoelen, Banken, Lampen, Kandelaars, een kift met Kaarffen &c.

Hier bleef het nog niet by, wy wierden
hoe langer hoe rijker, de Konftapels-kaa-
mer had ik nog niet gevifiteert; daar koomende, vond zeer veele Kooijen en Kiften,
veele Kardoefen in haar kookers, twee hoor-
ne Lantaarens, en twee kelders met Brandewijn.

Ik dorft naa beneeden in de Kruit-kaamer niet gaan, uit vreefe voor 't waater.
De beide kelders en fleffen afgelaaten hebbende, bragt die naa mijn Kafteel. Voorts
refolveerden ik om onder in de Konftaapels-
kaamer een gat te houwen, ten einde het
waater hem daar door ontlaften zou, en nam
een avangaar of groote kruisboor, en boorden daar door; daar geen waater uit kwam,

dat

dat my verwonderde ; boorden even voor de Kruit-kaamer, daar terſtond waater kreeg ; ik weer in 't Wrak, ſtak een lantaarne aan, ging doen in de Kruit-kaamer, die onge-ſchonden, gaaf ; en droog bevond, daar braaf Kruit, en ook Kardoes-papier in was.

Aan de andere zijde was de Brood-kaa-mer, zoo droog als kurk ; hier vond ik voor my en *Draager*, meer Brood als voor zes jaa-ren van nooden had Daar by veel Leid-ſche en Soetemelks-kaaſen, vier-en-twintig Kelders, elk met ſijn Sleutels, twee toe-gemaakte Tonnen zonder ſpontgaaten, daar Booter in was.

Dit bezigtigt hebbende, bragt wat Be-ſchuit en Kaas boven, dat aflaatende, naa mijn Kaſteel bragt ; en met *Draager* wat ge-geeten hebbende, tyden wy weeder naa 't Wrak. Het waater zig ontlaſt hebbende, zag in de veertig ronde Potten, boven met kalk toegemaakt ; ik kenden die niet, eene open doende, was die vol Boom-olie, hier van moeſten voort een party na mijn Fort ; daar had ik nu Brood, Kaas, Oly, Brande-wijn, en voorts al wat ik wenſchen kon. Nu moeſt ik de Vaaten viſiteeren die op ſtrand geſpoeld waaren, ging met mijn boor en eenige ſwikjes of bosjes daar naa toe. Hier vond ik drie vaaten Mom, een vat Azijn, drie

vaa-

vaaten Franfche, en drie vaaten Rinfche
Wijn; ik dronk eens, en dagt wat my te
doen ftond. Voortrollen kon ik niet, ik
had by de Oly-potten nog fes kelders Brandewijn gevonden, die weg goot, om dat
meer Brandewijn had als begeerde; deefe
kelders aan de rivier gebragt, en fchoon ge-
fpoeld hebbende, tapten ik'er vier vol Mom,
en twee met Franfche Wijn.

Ik had ook drie leedige ankers in de Hut
gevonden, twee vulden ik ook met Franfche Wijn, alzoo die liever dronk als Rinfche; deefe voerden wy ook naa mijn wijn-
hut; een met Wijn-azijn vullende, bragt
ik in mijn Kafteel, daar ook een kelder
Brandewijn wech goot, en haalden die vol
Franfche Wijn.

Ik goot zoo veel Brandewijn wech, dat ik
een oxhoofd Franfe wijn af tapten, dat naa
de rivier rollende, fpoelden dat fchoon, ley
dat onder een digte fchaaduwe van een Boom,
daar geen Son kon by koomen; hier in bragt
ik een ander vat in over, t'elkens een Ankers-
kelder vol tappende, kon *Draager* die gemakkelijk trekken; dus kreeg ik al de Wijn,
Mom, en Afijn over, tot onder de Boomen, daar die nog met Takken wel dek-
kende.

Ik bragt vier kelders Brandewijn weer uit
mijn

mijn Kafteel in de Brandewijns-hut, al
waar nu vier-en-twintig kelders Brandewijn
had, op en by malkander ftaan. Ik had in
de Brood-hut feftien Kiften met Befchuit,
en drie vierendeels vaaten met fijne Befchuit.
Ik had in de Kaas-hut veertien Leidfe en fee-
ven-en-twintig oude Soetemelks-kaafen. Ik
had in de Oly-hut vier-en-veertig ronde
potten Olye. Ik had in de Kruit-hut agt-
en-dartig Kardoefen in hare kookers, en fes
geleemde Kiften vol gevulde Kardoefen.
Ik had daar ook in feftien riem Kardoes-papier. Ik had in de Bies-hut veele boffen
gedroogde Biefen. Ik had in de Hout-hut,
drooge Ryfen, en gekloofd Hout, met nog
een groote ftapel daar by. Ik had in de Sout-
hut fes beleemde kiften met Sout, daar by
fes boffen Stok-vis die weder gedroogd had.

Voorts een hut vol Kooyen en Plunjen, en
in mijn Kafteel een braave kooy met al wat
daar toe behoord, twee kelders Brandewijn,
een kelder Rinfe, en een kelder Franfe Wijn;
een kelder Mom, en een kelder Wijn-azijn:
noch een anker Franfe wijn, een vierendeels
vat met fijne Befchuit, een Kift met Scheeps-
befchuit, een kift Kaarfen, een Teekeetel,
met een dofijn Kopjes en Schoteltjes, Tee,
Koffi-boonen, en een reft Zaaly, dit aile haalden ik uit de Brood-kelder, met drie nieu-

we

we Keetels, Linnen en Wollen zat, Tabak, Pijpen, en alles.

Nu had ik een Konings leeven, en daar by ook geselschap aan mijn Hond.

Op een tijd een brave Shaphaan krijgende, (want ik had 'er nu ses) ging voor plaisier in 't Bosch, om te zien of ik ook een Stier bekoomen kon; ontrent een half uur gewandeld hebbende, zag van verre een uitneemenden grooten Vogel, die op een hogen boom zat; ik bekroop hem zoo naa als mogelijk was; staande nu agter een dikke Boom, en mijn roer over een tak leggende, schoot hem regt in de Borst, dat hy dood om laag kwam, hy viel zoo swaar als een groot Schaap. Het was een wonderlijken grooten en schonen Vogel, sijn lighaam was zoo groot als een Kasuaris, welke ik op Batavia gesien had. Hy was te groot om te draagen, dies haalden ik mijn waagen, en *Draager* moest in 't span; ik hadde agter aan de waagen een leuning, als aan een sleede gemaakt, om aan te schuiven. Een bijl met wat touw op de waagen gelegt hebbende, toogen wy te veld, en vonden hem; ik ley hem op de waagen, en bragten hem naa 't Kasteel, daar hem met aandagt bezag. Sijn nebbe was krom als een Arends bek, maar bloed rood; sijn hoofd en borst was

L   *goud*

goud geel; op fijn hoofd had hy een zeer
fchoone roode kuive; fijn nek tot aan de rug,
was groen en blaau, als zommige Vader-
landfe tamme Eenden; fijn rug was git fwart;
fijn vleugels waaren bloed rood, als de beste Papegais-veeren, en zoo ook fijn fteert;
fijn beenen waaren zeer grof en fwart, daar
aan zeer dikke en roode kromme klauwen;
fijn vleugels waaren by uitneementheid groot,
de fchaften waaren meer als eens zoo dik als
Swaane fchaften. Ik fneed hem fijn poo-
ten, vleugels, en hals af, die liet droogen;
fijn lighaam afvillende, bevond dat zeer vet
en blank; hem opfnijdende, was onbeden-
kelijk vet van binnen, 't welk niet fterk,
maar zeer zoet was. Ik kookten en braaden van hem verfcheide daagen, ik en *Draager* fmulden daar lekkertjes van, tot hy op
was. Naa eenigen tijd bragt ik de Sloep in
de Kom, maakende eenige Riemen van 't
waagenfchot dat ik uit de Kajuit en uit de
Hut brak; want al de kooijen in de hut, het
befchot en kaftjes in de kajuit had ik afgebrooken. Nu roeiden ik fomtijts voor plai-
fier in de kom om daar te viffchen. Ik had
de peil-lijn en 't lood uit het Wrak gekreegen, en willende de kom eens peilen, vond
ik die een kanon-fchoot van land, wel vijftig vaadémen diep. Ik hadde drie groote
hoeken

hoeken met kettings, daar men Heyen mee- *Haai*
de vangt, gevonden; hier meede om vermaak in de kom viffende, bond een brave
ftaak aan de lijn tot mijn vlot, met nog een
goed ftel-hout : de hoek met een ftuk vlees
te grond laatende, had voort zoo fterke beet,
dat mijn vlotten onder gingen als lood; ik
vierden mijn lijn, en zoetjes naa land roei-
jende, daar de Sloep vaft gelegt hebbende,
haalden al zoetjes op, en kreeg het vlot te
zien, dat weer om laag getrokken wierd,
wanneer mijn lijn weer vierde; dit duurden
wel bynaa vier uuren, dat ik nu ophaalde,
en dan vierde, tot den Visch vermoeid zijnde, hem aan ftrand liet leiden.

Mijn lijn had ik over een dikke Boom-
tak, welke boven 't waater was, geleid;
hier over haalden ik hem op; zoo haaft een
zeer groote kop boven zag, die zeer mon-
ftereus was, fparde hy zoo een vervaarlijken
bek op, dat ik door fchrik in mijn hut liep;
uitziende, teeg hy zagt naa de grond, de
lijn zagtjes naatrekkende; ik maakten de lijn
klaar, en vierden al uit, maakten hem dus
moede, en trok hem weer zoetjes tot digt
aan de ftrand, tot op twee voet naa boven
't waater, daar hem aandagtelijk bezag.
Hy was plat, en wel zoo groot als een zeer
groote taafel, geleek wel naa een Rog;

w

was bruin van koleur; ik nam een houwer
en sneed de lijn by de ketting af; dus zetten hy 't weer naa beneeden, en kwam nooit
weeder te voorschijn; ik dagt zeer dikwijls
op hem, maar heb nooit voor of naa dien
tijd zoo een monster weer gesien.

Nog eens op een tijd op den berg de *Uit-
kijk* zijnde, zag zeer veele groote swarte Vogels in de sleut of goote, waar door de kom
haar in Zee ontlaste; ik laaden straks twee
roers, en derwaarts gaande, schoot in twee
schooten, vijf van de gezeide Vogels, zoo digt
laagen sy by een; en een krijgende, zag ik
dat het swarte Swaanen waaren; zy dreeven
met de vloed naa de kom; ik haalden mijn
sloep, kreeg de overige doode, bragt die
in een hut, plukten en bewaarden de veeren; het vet was goed in de lamp; vier zouten ik, die in de rook droogde. In al mijn
tijd waaren hier zoodaanige Vogels niet geweest, ik schoot 'er veele om het vet, en
de veeren, waar meede vier bultzakken vulde. Naa eenigen tijd vertrokken zy, en
kwamen niet weer.

Nu leefden ik en mijn *Draager* zoo wy
begeerden. Maar de Wereld en al dat daar
in en op is, is de verandering onderworpen.
Dus een geruime tijd, zeer gerust en vrolijk met mijn Hond leevende; weinig meer
op

op't Vaderland of't Schip denkende; was ik
op een tijd op den Berg de *Uit-kijk*, met
een Verre-kijker wat rondom ziende, ontdekten ik eenige Menſchen by de Staak,
dat my in vreeſe en hoope bragt, niet weetende of het goed of kwaad, geluk of ongeluk voor my zoude brengen.

My in mijn Kaſteel begeevende, laaden
ik mijn zes roers, mijn deur en kijkgaaten
ſtoppende, behalven eene naa de ſtrand.
Draager bond ik ſijn mond, om dat niet blaffen zou. Uitſiende, zag Mannen, Vrouwen, en Kinderen naa 't Wrak marcheeren,
op mijn Kaſteel niet eens denkende. Zy
bezagen het Wrak, en trokken voort naa
de Rivier, daar zy mijn hutten vindende,
een vervaarlijk gebaar en gekrijt maakten,
dat my zeer ontſtelde en verſchrikte. Zy
alle konden my in mijn kaſteel niet doen;
maar zy waaren naa giſſing wel hondert Menſchen, die my waarlijk konden uithonge-
ren. Zy haalden hout uit de hout-hut, en
maakten vliegens vuur, mijn droog hout
moeſt daar aan geloven, en al mijn Vis die
zy vonden, pakten zy aan; al haar doen be-
ſchouden ik door een kijkgat, zy zaaten in
vijf partyen romdom die vuuren, onder haar
eeten, warmen en tieren, zag (geloof ik)
eenen mijnen Kaſteel, daar op een geroep
L 3   maar

maakende, kwaamen alle al fchreeuwende
naa my toe, elk op het herdfte loopende.

Toen zy nog aan 't Wrak waaren, bad
ik God dat hy my wilde in geeven wat my
beft was. De helft dood te fchieten was
wel kans toe; maar ik had geen waater, zy
konden my wel haaft uitgehongerd hebben.
Ook kon ik niet weeten of nog meer *Zuid-*
landers aan kwamen of niet; dit alles maakten my vol angft en vreefe. Indien ik uit quam,
konden zy my dooden, ik wift geen raad.
God had my uit zoo veele gevaaren gered,
ik bad nu weer van herten; en eindigende,
ley ik in Gods naam vuur aan, at mijn buik
vol befchuit, dronk een beeker wijn toe,
gaf *Draager* fijn buik 'vol vis en Scheeps-
befchuit.

Ik fchoot een fchoot boven uit, waar op
zy alle op hun aangefigten vielen; ik dronk
nog een beeker wijn, en begaf my met mijn
houwer en een gelaaden roer uit mijn kafteel. Zy laagen aan de zijde van 't kafteel
in 't Bofch nog alle ter aarden, tot ik agter
mijn hut konsende, haar toe fprak, *Man-*
nen wat Land is dit? en wat Volk zijt gy?
zy bleeven alle leggen, tot ik eene by de
hand op ligte, hem teeken doende, dat de
anderen ook zouden opftaan, 't welk deeden. Wenkten haar dat zy zouden gaan

zit-

zitten; dit deed ik met groote beleeftheid,
haar met een uitgeftrekten arm om laag wenkende, daar by mijn hoofd wat omdraijen-
de, waar op zy alle weder ter aarden vielen,
op haar aangefigten. My moogelijk voor
eene van haare Goden aanfiende, om dat ik
blank was, en gedonderd had. Het Roer
in mijn hand hebbende, fchoot ik over haar
heen los. Zy bleven als Honden leggen;
my daar van dienende, haalden voort een ander gelaaden roer, met een korf vol Scheeps-
befchuit, en mijn vorige poft weer in neemende, beurden ik andermaal een Man op,
hem wijfende dat zy zouden opftaan, zoo
als zy deeden; en de befchuit haar omdee-
lende, wierden zy vryer, vattende malkander hand aan hand, en dus om mijn kafteel
heen danfende, al fingende, en fomtijts in
de handen klappende.

Zy waaren alle zoo naakt als zy gebooren
waaren, en zonder fchaamte haar van agteren en voren ontlaftende als Honden, zelfs
zonder haar eens om te draaijen. Deefen
Trop was uit twee geflagten naa ik fien kon,
zommige zoo fwart als pik, met wol op
haar hoofden; anderen waaren roffe als af-
gevallen en gedroogde blaaden, en hadden
lang hair. De Vrouwen hadden zeer dikke buiken, lange todden van borften, zijnde onbefchaamde teeven. Naa

Naa dat zy wat gedanſt en geſchreeud hadden, liepen zy alle Boſchwaard in. Ik dankte God dat hy my van dit perijkel verloſt had.

Nu meenden ik alle gevaar te boven te zijn, en ging en bezag mijn hutten; bevond dat mijn hout en vis meeſt voort was, het ander hadden zy niet aangeraakt.

My dagt het nu tijd te zijn om mijn Kaſteel te voorſien, of zy weederom kwaamen. Twaalf Ankers-kelders goot ik de Brandewijn uit, de fleſſen ſpoelende, en met waater vullende, bragt die in mijn Kaſteel; dat vorder voorſiende met vier kelders Mom, vier kelders Franſe, en drie kelders Rinſe Wijn, twee kelders Wijn-azijn. Uit de Brood-hut bragt ik over de overige drie vaatjes fijne Beſchuit, met ſeſtien kiſten Scheepsbeſchuit, tien Leidſe, en twintig Soetemelks-kaaſen, twintig potten Oly, dertig fleſſen vol Boter, nog ſes-en-dertig kardoeskookers met gevulde Kardoeſen, voorts Linnen en Wollen zoo veel bergen kon, Touwen zadt, Keetels, Bylen, Schop &c.

Mijn Kaſteel was een half uur gaans van 't Wrak; ik met mijn waagen daar heen, en haalden nog twaalf fles-kelders, daar de fleſſen met Brandewijn uit zetten, brak de middelſchotjes daar uit, die leedig naa mijn

Ka-

Kafteel brengende, om wat in te bergen.

Kiften en kelders ftaapelden ik op een, tot neegen en tien voeten hoog, eerft vulden ik de onderfte kift, daar dan een leedige opfettende, vulden die dan ook, en zoo vervolglijk; mijn leer, kiften en kelders waaren mijn trappen, daar de leedige dingen by op bragt. De kijkgaaten overal vry laatende.

Wanneer dit alles dus gevlyd was en foo op een geftaapeld, had ik nog een zeer ruim en groot gemak; want het was agt-en-twintig voeten regt in 't midden door te meeten van d'eene wand aan d'andere.

Lamp-pit en Lonte had ik genoeg, neevens Kaarfen, Lamp en Kandelaars.

Nu moeft ik my nog van Brandhout en Zout verzorgen, dat ook al haalde.

Voorts haalden ik zoo veel leedige kiften uit de Konftaapels-kaamer als bergen kon; defe bragt met mijn Hond in 't Kafteel, die vullende met Touw, Befchuit, en voorts daar ik zin in had; bergden ook mijn overige Kaas en Oly, had nu een voorneemen van mijn kafteel te verweeren, als 'er geen gewaapende kwamen.

Mijne meininge was, dat wel voor fes jaaren verfien was. Op een tijd het Wrak met aandagt vifiteerende, vond nog twee vaaten met gevulde Hand-granaaten, met pijpen daar in, daar anderhalf honderd van over haalden, en ziende weer de Boter tonnen, vulden ik daar van nog drie Brandewijns ankers.

Vond ook vier metaalen Baſſen, die over bragt, neevens een vaatje roer-koogels.

En nu kon ik niet meer bergen, maar was van alles klaar en voorſien. God biddende, dat my wilde bewaaren en helpen; leevende weeder geruſt en wel.

Twee Tuinen begon ik aan te leggen, van agt voeten hoog, en agtien lang, aan elke zijde van de deure, regt uit gaande, om niet overvallen te worden, deeſen gang ſloot ik met een deur.

Ook en dorſt ik nooit zoo verre als voor deeſen van huis gaan, altijd het boſch of de rivier eerſt beſpiedende, dan op de *Uitkyk* ziende met mijn verrekijker. Naa verloop van tijd was het volle Maan; als ik voor mijn deur zat en rookten, hoorden ik boſchwaard in, een yſelijk geroep en geſchreeuw, dat my niet weinig verſchrikte! het kwam hoe langer hoe naarder; ik ſloot mijn poort en deur zoo vaſt ik kon; biddende God om hulpe. Het gedruis ging naa de rivier, daar het bleef.

Dag wordende, zag ik aan de rievier naa giſſing

gifling, wel duifend Menfchen, voerende
eenige houten fpieffen, andere groote knod-
fen, daar zy mijn hutten meede verbraaken
en dan verbranden; waar aan ik merkten
dat het Oorlog was. Mijn Baffen en Roers
gelaaden hebbende, bereiden ik my tot vegten. Door mijn verrekijker konde ik zien,
dat eenige hun aangefigten met een geel-
agtige verf geheel geverfd hadden; andere
hadden ringen om de oogen, en een ftreek
over 't voorhoofd en neus; de meefte waaren gants niet geverfd.

Zy, zoo 't fcheen hielden raad; daar naa al
fchreeuwende naa 't kafteel loopende, flaande met hun kodden op 't kafteel met groot
geraas. Ik loften een fchoot boven uit, en
zag of zy als de eerfte troep ook ter aarden
vielen; maar zy bleven ftaan, en lagten,
flaande eeven fterk op mijn fort, dies fchoot
ik uit een kijkgat zoo een gefchilderden door
fijn hoofd dat hy beuitelden. Doen nog
eens in den hoop brandende, fchreeuden zy
geweldig, vliedende naa 't Bofch, en twee
à drie zoo dood of gekwetft meede neemende. God heb dank tot dus ver zeid ik in
my zelven; ik nam een roemer Wijn tot
victory, en gaf *Draager* een fchootel Vis.

Naa omtrent een half uur, kwamen zy
met gruwlijk gefchreeu weederom, dog
dorften

dorften niet naaby komen, maar trokken
naa de Strand, daar zy weer raad hielden;
als wanneer twaalf gefchilderden met haar
houte fpiefen uittraaden tot aan mijn poort;
dog die niet konnende op krijgen, wenkten een party met dikke ftaaken en knod-
fen; deefe dan met geweld de poort opbree-
kende, traaden in de gang naa mijn deur,
als wanneer ik een Bas met Muskets-kogels
en fchroot op haar lofte, waar door fes onder de voet raakten, de andere gingen loopen. Ik met een houwer uit, die niet dood
waaren maakten ik dood, waar onder een
jonge was dien ik het hoofd af hieu, haar
dat toewerpende, daar zy rondom kwamen
ftaan; ik naa binnen, laadende de Bas als
voren, en nam doen drie hand-granaaten,
een tuffchen haar werpende, bleven zy ftaan,
hy floeg, eenige wierden gekwetft, nog
bleven zy ftaan; jaa daar kwamen nog al
meer by, waarom mijn tweede en derde ook
tuffchen haar in liet gaan, welke goede wer-
king deeden, want zy kreeten als honden;
zy waaren naaby, dies nam ik twee roers,
daar meede aan 't einde van de gang komende, fchoot daar onder, een viel onder de
voet, en een ander kreet; ftraks loften ik ook
mijn ander, waar op zy al krijtende vertrokken naa 't ftrand. Of zy haar dooden daar
be-

groeven, dan of zy die in Zee fmeeten, weet ik niet.

Zy trokken naa de rivier, daar zy veele vuuren maakten, alwaar den dag en de geheele nagt meede voort voeren, altijd by beurten huilende, dan by 't eene vuur, en dan by 't andere. Ik had al by daage mijn poorte weer verfien; flaapende geruft, alzoo eens gedronken had, my geweldig op de wakkerheid van mijn Hond verlaatende.

De Zonne was wel een uur op geweeft, als wanneer mijn-Vyanden weeder naa de ftrand toogen, ftil en zonder gefchreeu, daar halte hielden, en zoo het fcheen raad houdende, traaden weeder twaalf gefchilderde helden uit naa mijn kafteel, met hun houte fpiefen in de hand; ik zette mijn Baffen klaar, mijn lont-ftok gereed, en kwam met twee gelaaden roers voor mijn deur; zy my ziende, vielen op hun aangefigt, en wat geleegen hebbende, ftond eene op, welke een foode aarde opkrabde, leide die op fijn hoofd, fijn armen voor fijn borft kruiffende, kwam al bukkende naa mijn toe; en ftil ftaande, wenkten ik hem; hy kwam tot aan mijn poort, gaande op fijn hurke zitten, leide als een Aap fijn beide handen op de foode, welke op fijn hoofd lag; verfcheidemaal verfugtende, my niet dervende aanzien, nog
toe

toefpreeken ; de groote troep zag dit van verre aan, en fijn elf Makkers bleven op de aarde leggen.

Ik alles overfien hebbende, met mijn roer in de hand, en een blooten houwer met een touw aan den arm hangende, trad tot aan mijn poorte, (zijnde dit een fterk hek) alwaar hy op de hurke zat, drie à vier treeden daar buiten. Ik fprak hem aan, *hier Karel, wat wild Gy?* Hy zag op, ik wenkten hem aan 't hek te komen ; daar komende, begon hy te huilen, en op fijn borft kloppende, wees op de dooden, en dan naa de Zee, waar uit ik befloot dat hy de dooden wilde haalen. Hier op deed ik teeken, dat de andere die teegen de grond laagen, zouden vertrekken. Hy hem omkeerende, riep haar toe, waar op zy alle opftonden, en liepen by de groote troep op ftrand.

Ik wees hem hy zou ftil ftaan, dat hy deed ; ik haalden Befchuit en Spaanfche Wijn, die ik met hem at en dronk, ik binnen, en hy buiten de poort ; ziende dat hem dat wel behaagde, wees ik hem, dat hy alleen de dooden moeft haalen, en wat te rugge gaan, dat hy deede.

De Poort los gemaakt hebbende, vertrok in mijn Kafteel, gaande binnen mijn deur zitten, mijn baffen en roers' veerdig hebbende.

bende. Hy kwam in de gang, en fleepten een voor een, een ftuk weegs buiten de poort, die op een hoop neer fmijtende.

Wanneer hy de laatfte haalde, en buiten was, kwam ik weeder met Wijn en Befchuit uit, hem wenkende te ftaan, floot ik mijn poort zeer vaft toe; teiken doende dat by my zoude koomen, dat hy deede. Ik befchonk hem met fes Befchuiten en een boutelje Wijn. Hy dit aanneemende, zat weeder op fijn hurke; en ronkte als een flaapend menfch, ftond op en ging by de groote trop.

Ik bleef aan de poort om dit alles aan te zien, wat zy zouden aanvangen.

Daar kwamen fes-en-dertig gefchilderde helden met haare fpieffen, al huilende tot by de dooden, welke opneemende, droegen die tot by de groote troep. Daar komende, verheften zig een yfelijk gehuil en gekrijt. Zy marcheerden al krijtende naa de rivier; dit duurden den geheelen nagt, dat zy by beurten huilden, altemets by twee vuuren te gelijk, dat ik alles zien en hooren kon.

Den dooden-haalder kwam des morgens tot voor mijn poorte, daar hy hard op begon te huilen. Ik door mijn kijk-gaaten rondom geen ander Volk verneemende, kwam uit, met roer en houwer. Hy zat

als

als vooren op fijn hurken, met fijn beide handen op fijn hoofd. Ik deed teiken dat zou zitten blijven, en my omkeerende, wilde hem wijn en brood haalen; *Draager* blaften, en als ik om zag was dien kwant al boven op het hek; maar ik dit ziende, fchoot hem van boven dat naar buiten neerbuitelden, waar op weer een algemeen gefchreeuw en groot gehuil by de rivier op ging.

Een geverfden kwam uit den hoop, even als den dooden had gedaan; ik wierp hem twee Befchuiten toe, laatende hem den dooden weg fleepen; onderweege ontmoeten hem verfcheiden anderen om hem te helpen draagen; deefe by den dooden koomende, balkten zoo hard als zy konden, en daar meede by de troep komende, fchreeuden zy alle eeven hard, als of haar het uitterfte verderf was naakende. Eindelijk trokken zy Bofchwaard in. Elk kan denken of ik blijde was: mijn poorte, deur, en kijkgaaten geflooten hebbende, leide ik vuur aan, en kookten en braaden als een Prins, maakende met *Draager* goede çier; ik zettender een victory-beeker op, gaande geruft leggen flaapen, tot den volgenden morgen een gat in den dag weg.

Naademaal ik papier genoeg had, fchreef

ik

ik alle voorvallen aan, die haaft door 't dikwils leefen van buiten konnende.

Om plaats te winnen, brak ik mijn leemen vloer, die weg werpende; groef de
Oly-potten in de grond; voegende alles zoo
kort op en aan een als my doenlijk was.
Ik haalden nog kruit, fchroot, en koogels
uit het Wrak, met nog veel Befchuit, en
al dat noodig agte en bergen kon.

Vier fchietgaaten, twee naa 't bofch, en
aan elken zijde een, deefe maakten ik met
breekyters en beitels, die wel beleemende.
Rondom mijn Fort maakten ik boven aan
fcherpe paaltjes in de grond, twee treeden
breed. En nu kon my niemand als door
mijn gang het Fort genaaken.

Eens op een nagt begon *Draager* geweldig te blaffen, dog ik hoorden niet; maar
des morgens ontwaakende, zag dat al mijn
paaltjes met zooden bedekt waaren; waar
door verfchrikte, denkende dat zy fterk
zijnde; wel mijn geheele Fort zouden begraaven. Rondom uitziende, vernam niemand. *Draager* uitgelaaten hebbende, was
ook geruft. Den geheelen dag zag ik fneedig uit, niemand verneemende; favonts ftak
ik ligt aan, en begaf my te kooy. In de
voornagt begon *Draager* weer te blaffen.
Mijn ligt bedekt hebbende, opende zagt

M   mijn

mijn ſchietgaaten, mijn baſſen ſtille aanbren-
gende, gaf ik rondom vuur. Daar op volgden een yſelijk geſchreeu. De ſchietgaaten
terſtond weeder ſtoppende, laaden ik mijn
baſſen zeer wel, en bragt die weer te boor-
de. Naa ontrent twee uuren begon *Draa-*
ger weer te gnorren; ik verbood hem 't blaffen, en gaf voort rondom weer vuur, daar
al weeder zulk een gekrijt op volgde. Ik
ſtopten mijn ſchietgaaten, laaden mijn baſ-
fen weeder, en peurden te kooy, alles en de
Wagt op *Draager* laatende aankomen.

Dag wordende, ik en mijn Hond niets
verneemende, traden naa buiten, met voorneemen naa de *Uit-kijk* te gaan, dog derfde
niet, uit vreeſe van verraſt te worden, bleef
daarom dien dag by en in mijn Fort, ſnee-
dig oppaſſende, en met *Draager* de wagt
houdende. Mijn poort en deur des avonds
wel geſlooten hebbende, maakten ik vuur
en ligt. In de voornagt gromden *Draager*
als vooren. Door mijn kijkgaaten uitziende, zag zeer veele vuuren, jaa zonder tal,
zoo aan de rivier, langs de ſtrand, als over
al in 't boſch, dat my wat ontſtelde; dog
bedaarden haaſt, denkende, God had my
zoo veel maalen bewaard, hy zou my nu
ook wel bewaaren.

Alles klaar gemaakt hebbende, dat tot
een

een aankomende Batailje dienen kon , en
twee Lont-ſtokken gereed ſtaande , gaf
Draager maar weinig eeten, om niet ſlaape-
rig te worden. Ik nam fijne Beſchuit met
wat wijn, en begaf my naa kooy, zoo lang
ſlaapende, tot *Draager* my wakker blaften.
Ik ontwakende, hoorden veel getier, geſchreeuw , en geroep , ſomtijts als of zy
zongen.

Uitziende, zag het Wrak in volle vlam,
dat my zoo ontſtelde, dat ik niet ſtaan kon,
kruipende naa mijn kooy , wierd flaauw;
doch weeder by my ſelf komende, en alles,
overdenkende , bad ik God al ſchreyende
om hulp, als naa een weinig uuren (vuur in
de Kruit-kaamer kwam , dat een vervaar-
lijke flag gaf, waar op een yſelijk geſchrey
opging. Het geheele Leeger was omtrent
het Wrak vergaderd, daar danſſende, ſprin-
gende, en ſingende. Ik my ſtil houdende,
verwagten wat daar van koomen wilde; en
ſtelden my geheel geruſt, denkende dat eeten, drinken, kruit, en loot had, in een
ſterk Fort, daar zy my niet konden doen.

Dag wordende, en niemand verneemende,
trad met *Draager* welgewaapend uit, rondom mijn Kaſteel gaande, en met een verrekijker overal herom ziende, zag niets.

Dagt teegen de middag eens naa 't Wrak

te gaan, en te zien hoe het geschaapen stond.

Naa ik mijn middag-maal gedaan had, stapten ik met *Draager* derwaarts, ik had een gelaaden Roer met een tou op mijn schouder hangen, en een Houwer op zijd. Daar koomende vond wat stukken en brokken, eenige nog brandende; de traanen bedauden mijn oogen op dit gesigt. Gaande met een bedroefd hert op den *Uit-kijk* of nog Menschen ontdekken kon, zag niemand, daar op needer zittende, raakten in slaap, ontwaakende, zag Volk by mijn Kasteel. Ik wierd geheel verschrikt, afkoomende, trad langzaam derwaarts, my ondertusschen bedenkende wat my te doen stond, naader koomende, zag wel dertig geverfden by mijn Kasteel, dat zy ingenomen hadden. Elk kan denken hoe ik te moede was. Ik dagt kort beraad goed beraad, neemende voor te sterven, of mijn Fort te winnen, mijn moed was meerder als ooit, ik agten haar niet meer als honden. Regt op haar aan treedende, kwam een van haar zonder spiets naa my toe, gaande op de hurk sitten, als voor deesen, ik wenkten hem op te staan, dat hy deed: zaamen stille staande, kwam nog eene uit haar troep, met een spiets naa my toe; omtrent ten half weegen smeet hy zijn spiets van hem, by de eerste komende, ging op

zijn

zijn hurken fitten; ik wenkten hem op te
ftaan; hy opftaande, wees my naa zijn
Volk, klopten op zijn Borft, doende teeken dat my geen kwaad zou gefchieden; dus
ftaande, en denkende wat ik doen wilde,
wierd ik van agteren omarmt en gevat; die
twee welke voor my ftonden fchooten ook
toe, my met hun feffen mijn geweer ont-
neemende, en mijn kleederen uit trekkende; doen was ik zoo naakt als zy, denkende niet anders of zy zouden my dooden, te
meer, om dat die geene welke by 't Fort
waaren, met een gekrijt met hun fpietfen
kwamen aanloopen; dog een van die my gevat hadden haar teeken doende, wierpen zy
al haar fpietfen van haar, en by my koomende, zaaten alle op haar hurken needer.

En ftraks weer opftaande, vatten malkander
by de hand, danften dus al zingende om my
heen. Ik wees na mijn Kafteel, denkende
waar ik daar in, ik zou u anders leeren danfen. Die fes welke my uitgefchud hadden,
en by my ftonden, vatten my meede aan,
en moeft ook met haar danfen; waar op de
anderen in haar handen klapten, en fchreeuwende zoo hard zy konden. Ik danften met
een droevig gemoed, nu wel merkende dat
zy my niet wilden dooden. Het danfen ge-
eindigd zijnde, wees ik haar weer naa mijn

Ka-

Kasteel; waar op eene een schreeu geevende, kwamen nog wel twintig uit mijn ká-
steel te voorschijn, welke haar daar in tot
nog toe verborgen hadden; deese by ons komende, nam elk sijn houte spiets weer op,
my in 't midden zettende, en begonden de
strand langs te marcheeren; ik geduurig na 't
Fort ziende, en dat passeerende, begon te
schreijen, dat zy haar niet eens kreunden.
Wy passeerden ook de Staak daar ik mijn
Kist &c. uit gegraven had, welke ziende,
wierd mijn hert hoe langer hoe meerder beklemd. Dus ontrent ses uuren langs strand
voortgetrokken zijnde, keerden zy haar links
het Bosch in, en hielden naa een half uur
halte, eenige wat vrugten haalende, daar
wy alle van aaten; zy rukten wat takken
van de Boomen, die tot hun beddingen schik-
kende rondom my heen, my eenige meede
deelende, die ik onder een grooten Boom
needer leide, daar naakt op leggen ging,
en zoo koud wierd als ys. Zy laagen rondom
my, slaapende gerust, behalven ses die altijd
wakker bleven, en de wagt al zingende rondom my hielden, die t'elkens door anderen
afgelost wierden. Ik kon door haar zingen
en koude niet slaapen; zy dat merkende,
maakten vuur; my daar by leggende, bekwam ik wat. Ik beval my aan God, en
ver-

verwagte geduldig wat my weedervaaren
zou, denkende geduurig om mijn Kasteel.

Des morgens gingen wy weer aan 't marcheeren, en raakten naa een uur uit het Bosch
by een poel, alwaar wel duisend korfjes van
dunne rijsjes gevlogten stonden, van fatsoen
en groote als mijn Konstaapels lantaarn;
hier van nam 'er elk een, aan my ook een
geevende; ik bezag dit, vindende het van
binnen den bodem, en half weg de hoogte
met leem of pot-aarde bestreeken, daar bast
van Boomen in lag; ik konde niet weeten
wat dit beduide; maar naa een uur gaans de
Zon wat hooger rijsende, zag miliocnen
muggen en vliegen uit het moeras opkoo-
men, als wanneer zy straks vuur maakten,
en elk sijn bast in de korf deed rooken; deese rook had een aangenaame reuk, en deed
alle muggen en vliegen van ons blijven.
Dit moeras gepasseerd zijnde, kwamen wy
weeder teegen den avond in een Bosch, daar
zy terstond vuur maakten, en rondom gingen leggen, my als voren bewaakende.

Des morgens weer voort trekkende, kwaamen weer aan strand, aan een grooten in-
ham; omtrent twee uuren langs strand gegaan hebbende, ontmoeten een rivier, die
langs gaande, raakten weeder in een Bosch,
daar veele vrugten stonden; ontrent de mid-

M 4 dag

dag halte houdende, kwam nog een Troep
by ons, die eerſt alle op de hurken gingen
zitten; daar naa opſtaande, zongen en
danſten als gekken. Zy bragten vrugten
meede, welke omgedeeld hebbende, trokken weer voort; naa omtrent twee uuren
gaans vonden veele vlotten in de rivier, met
touwen aan boomen, op 't ſtrand ſtaande
vaſt gebonden, met welke wy ons alle
over zettende; toogen al voort, tot weder
aan een rivier kwaamen, doende weeder met
de daar leggende vlotten als te vooren. Dus
wel ſes à ſeeven rivieren gepaſſeerd hebbende, kwaamen aan een zandige vlakte. Nu
hadden wy al ſeeven ofte agt daagen gemar-
cheerd. Ik was moede en mak, hoe wel
zy my alle dienſt deeden die zy konden.
Deeſe vlakte overtrekkende, kwaamen weder
in een Boſch, als wanneer zy alle begonden
te zingen, eenige al zingende voor uit loopende, zag ik van verre veele Menſchen,
en hutten. Welke naaderende, kwamen
zeer veele van de zelve ons teegen om my te
zien. Nog vorder gaande, kwam ik voor
een groote hut, daar een oudagtig Man in
de deur zat, daar voor wy alle op de hurken
moeſten zitten; hy my nauw beſiende, deed
my by hem komen: hy hield een lang diſ-
coers met die, welke my gevangen hadden;

den; doch ik konde hun niet verftaan.

Het difcoers ge-eindigd hebbende, moeft
ik in de groote hut gaan, alwaar vier naakte
Jongelingen, en zes naakte jonge Vrouluy
fag, deefe alle naa my toe koomende, bezaagen my zeer nauw; over al mijn lichaam
tattende en voelende; ik ftond onnofel
toe te zien, niet wetende wat men met
my zoude aanvangen. Naa een uur begonden zy alle in de tent te fingen en te
te danffen rondom my; en den Huis-heer
ook wat gedanft hebbende, kwam een der
voornoemde Vrouluy voor my op de hurke
fitten: zy wees my dat ik ook zoo doen
moeft, 't welk doende, ftond den Ouden op,
ons elk een hand op 't hoofd leggende, begon zoo hert te fchreeuwen dat ik verfchrikte, waar op die buiten de tent waaren antwoorden Weeder beginnende te zingen,
en te danffen, deeden die buiten de tent waaren het zelve. Dit naa giffing een half uur
geduurd hebbende, ftond het jonge Vroumenfch op, my by de hand vattende, trad
met my buyten, van de anderen gevolgt;
brengende my in een daar byftaande leedige
hut, daar deefe Dogter en ik in gingen:
de andere flooten de deure; daar naa al zingende weg gaande, bleven wy met ons tween
alleen in de hut, daar in zag ik Hooy, ge-

droog-

droogde Blaaden, en biefen Matten. Ik
was verkoud kuchende en hoeftende; zy
deed my in 't Hooy ter needer leggen, en
my met matten van biefen overdekt hebbende, kroop zy by my onder, om my te ver-
wermen, dat zy op een aangenaame manier
wift te doen.

Deefe Heidin had een zeeker Toover-cha-
racter, daar zy my zoodaanig meede betoo-
verden, dat ik al mijn ongemak, Kafteel
en alles quam te vergeeten.

Naa eenige uuren malkander zoo ver-
wermd te hebben, dat wy zaamen wel fweeten, was ik van mijn verkoudheid geneefen.
Wy opftaande, voelden ik de koude lugt
weeder, en bevond doen eerft als een anderen Adam dat wy naakt waaren. Over al
de hut doorfiende, zag daar een mand met ge-
braden Vis die nog werm was; zy een Haa-
ring met haar hand daar uit krijgende,
maakten die op, my die aanbiedende; ik
vatten die gelegentheid by 't hair, denkende
ik zal de tijd waar neemen, en my daar van
bedienen, en braften zoo veel ik kon.

Hier naa wierd de deur van onfe hut geo-
pend; en ik haar volgende, bragt zy my
weer in de groote hut, daar my gebraaden
vlees, vis, en eyers wierden voor gefet.
Wel gegeeten hebbende gingen wy in de rivier

vier vis vangen. Avond wordende, moest
ik met mijn Heidin weer naa onse hut; daar
wy tot den morgen bleeven slaapen. Mijn
grootste ongemak was dat ik naakt moest
gaan.

Dus een maand of twee geleefd hebbende, ontstond op een nagt en vervaarlijk ge-
schrey, dat zig hoe langer hoe meer verhef-
fende, mijn gesellin ook deed schreyen en
krijten; ik verschrikte, zy omarmde my al
krijtende: my loslaatende ging op haar hurke zitten, slaande voor haar borst; ik de
deure van onse hut opstootende, zag ontelbaare vuuren rondom, zoo verre ik beoogen
kon, niet weetende wat dit beduiden; zy
wees my dat het onse Vyanden waaren,
welke ons wilden dooden. Ik wees haar
weeder dat wy zouden vlugten. Zy deed
teeken dat wy rondom beset waaren. Wy
gingen zaamen naa de groote hut. Den
Ouden zat bedrukt en zugte. Ik een houte
spiets neemende, verzogt manschap om de
Vyand op te zoeken; maar den Ouden sijn
hoofd schuddende, kreeg een hoorn, gaande in de deur der hutte, en blies zoo hard
als hy kon; daar op volgde het geluit van
wel honderd hoorens. Ik niet weetende wat
dat beduiden, ging naa mijn hut, een houte spiets meede neemende, met voorneemen

van

van my te verweeren, wien ook op my aan
mogt komen. Mijn Gefellinne volgde my
naa, kermende en krijtende; het wierd met
'er tijd dag, en zag van verre verfcheiden
Troepen, gekleed en gewaapend Volk,
dat my kragtig verwonderde; hoorde ook
fchieten, dat my nog vreèmder voor kwam;
vattende mijn Vroumenfch by de hand, wees
ik haar dat zy met my daar naa toe zou gaan,
my dogt zy zouden my niet dooden; dat zy
niet doen wilde; ik dan alleen den Vyand
te gemoet gaande, kwam by een troep Paarden, den Kapitein mijn ziende, hield ftil;
ik op mijn knyen vallende, leide mijn handen te faamen. Hy wenkten my by hem te
koomen, dat ik deede, en wierd van hem
nauw befigtigd, als zijn leeven geen blank
menfch gezien hebbende. Hy deed my een
Rok, Broek, en Muts geeven, ook een
Paard daar ik op klom; maar mijn leeven
niet veel te Paard gefeeten hebbende, kan
men denken hoe dat toeging. Ik reed in
't voorfte gelit. Dus zagt voort ryden-
de, kwaamen by onfe hutten. Ik wees den
Kapitein mijn hut daar ik woonde, biddende hem met gevouwene handen die te willen
verfchoonen. Hy zetten voort eenige Ruiters voor de deure, daar ik meede onder
was. Nu zag ik verfcheide Troepen van alle

le kanten aankoomen, een Kanon wierd af-
geſchooten, op welk zein het aan een moorden ging, dat bedroefd te zien was; zóo
wel Mans, Vrouwen, als Kinders, lieten
haar gewillig dooden, zonder haar meer te
weeren als de oude Jooden op haaren Sab-
bath plagten te doen. Dit beweegde my
tot ſchreijen; als wanneer een Onder-Offi-
çier my nors aanziende, op ſijn Swaard klopten, dies moeſt ik ſwijgen, wijl hy ons die
voor de hut ſtonden commandeerden; ik
bad hem of ik eens in de hut mogte gaan?
dat hy my met een wenk vergunde. Van 't
Paard in de hut treedende, begonden zy alle te ſchreeuwen, zittende op haar hurken,
ik hem, hemden; waar op zy ſtil ſweegen;
dit had ik van den Ouden geleerd, welke
dat deed als hy gehoord wilde zijn : zy my
aan mijn blanke aangezigt kennende, en
mijn handen en voeten ziende, ſchoot mijn
Vrouwmenſch naa my toe, my omarmende
al ſchreijende : ik hem, hem zeggende,
ſweeg zy ſtil; zy gaf my gebraaden Vis en
Eyeren, die ik aan mijn gezelſchap te Paard,
nevens wat Fruit omdeelden, dat zy aan
naamen en nuttigden. Het was wonderlijk
dat alle deeſe menſchen haar zoo gewillig
lieten dood ſlaan, zonder de minſte teegen-
weer te bieden, even als of zy alle tot een
God-

Goddelijke Offerhande gedoemd waaren.

Het moorden geëindigd zijnde, reed ik als een gevangen nieuwen Ruiter met mijn troep weeder te rug, zonder te weeten waar heen. Naa eenige daagen marcheerens kwamen wy aan een arm van de Zee, daar meenigte Vlotten laagen, eenige met twee, andere met drie en vier zeilen; hier meede wierden wy alle overgezet.

Onſe Kompagnie was honderd man ſterk, rijdende in tien geledeeren, elk gelit had een Officier of Korporaal: in haar Standaards was op blaauw ſatijn een gouden Sonne, waar in den Engel *Baloka* in een purpere rok zat en ſchreef; deeſen had meerder oogen als van *Argus* ooit verdigt is; ſijne gedaante was zeer wonderlijk, als geheel beſtaande uit oogen, ooren en handen, dat my vreemt voor kwam. Wy waaren de eerſte Kompagnie die weeder keerden van drie duiſend Ruiters, zijnde Hulp benden, welke dit Eiland *Krinke Kesmes* aan haare Nabuuren geleend hadden. Ik aan Land koomende, wierd in een Boeren huis gelegt, tot order van *Kesmes* kwam, dat ik daar zou komen. Daar komende, wierd ik in een Scholaſtique vergaadering gebragt, alwaar vier-en-twintig zeer agtbare Mannen zaaten. Den Voorzitter deed my aan een

klein

klein taafeltjen zitten, daar papier, pennen
en inkt op was; men wees my dat ik fchrijven moeft, 't welk doende, ging mijn fchrift
rondom, elk van deefe Heeren befchouden
het, tot het een aanzienlijk Man in fijn
hand krijgende, dat overluid las; hy opftaande, vroeg my in goed Hollands, hoe
ik by de Natie *Kaskes* (welk woord betee-
kend *Stranders*, of *Strand bewooners*) gekomen was? Ik antwoordende, verhaalde het
geene my weedervaaren was; waar over zy
haar alle zeer verwonderden. Hy gebood
my dit alles op te fchrijven, dat ik vaardig
deed, alzoo ik het zelve als een A. B. C.
van buiten kon.

Dit overgeleverd hebbende, wierd het
voort in deefe Land-taale overgefet. Des
agtermiddaags kwaamen my tien Jongelingen, in de Hollándfche taal begroeten, die
zy vry wel fpraaken, leezen, en fchrijven
konden.

Naa drie daagen wierde ik uit de Hoofd-
Stad *Kesmes*, naa deefe Stad *Taloujaël* gefonden, om alhier geduurende mijn leeven, eenige Jeugd de Hollandfche taale te leeren,
dat als nog mijn werk is.

Men geeft my hier zeer eerlijk onderhoud,
mijn Schoole is nooit fterker als fes jonge
Luiden, die ik in de Hollándfche Taale on-
der-

derwijfe, en doe verftaan, fprecken, leefen, en fchrijven.

Deefe *Zuidlanders* meenen, dat het geluk
van haar land, en haare goede en zeer heerlijke regeering, alleen at hangd van de goede opvoedinge der jeugd, daarom moogen
hier geen todden van wijven, School-ma-
trefien, nog geen dronkene fuipers, of kwaalijk gemanierde mannen, Schoolmeefters
zijn; de zulke worden veragt, zoo wel als
die haar natuurlijk verftand ontbreeken neevens; de talmers en teemers, die niet glad
van tong zijn.

Zy gelooven hier, dat alle, of de meefte
fouten, welke veele menfchen als eigen zijn,
zy die in haare Jeugd, van haare Opvoeders,
en Onderwijfers ontfangen, en dat de zelve dan door gewoonte haar by blijven. Daarom moeten hier de Schoolmeefters verftan-
dig, zeer opmerkende, voorfigtig, en wel-
leevende zijn. Ik heb my naa haare wetten
gevoegd, en leeve nog daar naa zoo eerlijk als ik kan; daarom ben ik befchonken
met deefe roode Rok en roode Muts, dat
hier een kleed van eere is.

Het teeken op mijn Boift geborduurd, is
in deefe Land-taal *El-ho* dat is vryman.

Ik fchreef dit alles af, met verwonderinge over zoo een wonderbaarlijk en feldfaam
voorval.   Des

Des anderen daags naa den eeten kwam
den *El-ho* ons weeder bezoeken, ik behan-
digden hem fijne befchreven Hiftorie weederom, hem met een goed hert bedankende; verzogt hem, dat hy de goedheid beliefde te hebben van my de Stadt eens te laaten bezien, alzoo order van den *Garbon* daar
toe had. Hy zeide, dat teegen drie uuren
te willen doen.

Te drie uuren kwam hy my haalen; hy
en ik traaden alleen ter deure uit, alzoo
mijn ander Volk nog geen verlof had om
uit te gaan, wy floegen de regterhand om,
tot op een hoek van een breede ftraat, welke inflaande, bragt ons die tot op een zeer
groot plein, waar op in 't midden een groote treffelijke Piramide of Tooren ftond, daar
men langs trappen op klom, van buiten opgaande, hebbende van onderen tot
boven op het plat een leuning. Ik zag ook
op de vier hoeken van dit plein vier Eeren-
poorten, met fchoone konft-beelden verçierd, welke alle boven over gewelft waaren. Wy klommen de trappen der Piramide op tot boven op het plat, van waar ik de
geheele Stadt nevens het omleggende Land
konde over fien.

De Stadt vertoonden hem bynaa rond,
hebbende dertien Bolwerken, alle zeer wel

N   geboud; de Tempelen waaren op de Turkſche wijſe altemaal rond. Ik zag een groot, en twee mindere Paleiſen, nevens verſcheidene treffelijke Gebouwen. Ook dat eenige Rivieren of Burgwallen door de Stadt vloeiden. Eindelijk nog een zeer pragtige Piramide buiten de Stadt aan de Ooſt-zijde, waar boven op den Engel *Baloka* ſtond, tot welken als de Sonne niet helder ſcheen, den morgen-groet gedaan wierd.

Weederom af klimmende, bragt hy my in een groote Badſtoove, welke vry wel geboud was, hebbende vijf byzondere Kaamers met Bakken, en tien Kaamers van vermaak, alle van Marmor.

Van daar bragt hy my in 't *Stad-huis*, dat heerlijk en ſchoon geboud was, hebbende veele en ruime Vertekken, alle met zeer konſtig Beeldwerk verçierd, vertoonende haare oude Goden, Koningen, Helden en Hiſtorien des Lands. Hier zag ik het dooden der *Kaskas*, dat den *El-ho* zelf bygewoond en gezien had; ook was hier konſtig verbeeld den ſtrijd der Geeſtelijken ten tijde des Konings *Cham Hazi*. Vorders veel wonderbaarlijke en vermaakelijke poſtuuren.

Toen bragt hy my in een kaamer die vol Beelden van Mannen en Vrouwen ſtond,

alle

alle geheel naakt, zonder eenige bedekkinge. Ik vraagden wat zulks beduiden?

Dit is zeide *El-ho* de Trouw-kaamer; niemand in deese Stad of onder deffelfs diftrict behoorende, kan trouwen, of moet eerft gantfch naakt in deefe kaamer verfchijnen, zoo wel den Bruidegom als Bruid. Hoe gefchied dat vraagden ik? *El-ho* antwoorde, de Dogter die haar verlooven wil aan een Mans-perzoon om die te trouwen, die word alhier gebragt van een oude Vrouw, haar het naafte in den bloede beftaande : en dien Jongman welke gezind is hem daar aan te verbinden, word hier gebragt van een bedaagd Man, die ook op het naafte aan hem bevriend is.

Deefe in de kaamer gekomen zijnde, en de deure geflooten hebbende, ontkleeden dan elk de fijne, en vertoonen die malkander gantfch naakt, welke malkanderen dan bezien van agteren en van vooren, gaande, ftaande, bukkende &c jaa zy bevoelen malkander van boven tot beneeden, van agteren en van vooren. En indien zy beide wel en gefond zijn, dan is het huwlijk klaar en moet voortgaan.

Maar eenig accident aan den eenen of den anderen vindende, dan ftaat het in de keur van beide de jonge luiden. Dat is feide ik, een wonder-

derlijke Wet, zy komt naa my dunkt de
eere en schaamte te naa, zulk doen zou men
in *Europa* verfoeijen. Waar meede bewijst
gy zeide *El-ho* dat de *Europers* wijser zijn
als de *Asianen*? De *Europers* hebben ook al
veele sotte gebruiken: Maar wanneer men
een Paard, Hond, of ander Dier koopen
wil, dat bevoeltmen, betastmen, en bezietmen
men ter deegen (om niet bedroogen te worden)
den) eer men 't koopt; waarom dan een
Man of Vrouw die men trouwen wil, en
waar meede men sijn leeven tragt en moet
eindigen, ook zoo niet gehandeld? een Dier
kan men weer verkoopen met weinig schaade;
de; maar een die men troud, die moet men
behouden zoo lange men te zaamen leeft.

Met kwamen daar vier Persoonen, geheel
heel met zijde kleeden bedekt, in treeden;
wy moesten daarom vertrekken, de deur
wierd geslooten; deese kwamen hier om de
Huwlijks ondertasting te doen.

Ik had in de *Utopia* van *Morus* ook zulks
geleesen, dog meenden dat het verçierd was;
maar nu bevond ik het de waarheid te zijn,
dat my zeer verwonderde.

Van hier bragt hy my tot het Paleis van
den Gouverneur, welk groot en schoon was,
staande aan het einde van een breede straat,
hebbende rondom een breede graft, en
dikke

dikke muuren, met veele platte toorens voorfien.

Verlof gevraagd, en verkreegen hebbende, traaden wy voorby een Wagt-huis, over een welgemaakte fteenen Brug van fes-en-dertig treeden lang. Voor de gevel van de poort was den Engel *Baloka* zeer konftig uitgehouwen, den zelven word van alle menfchen die door deefe poorte gaan, gegroet.

El-ho zeide my, dat het Beeld van *Baloka* overal in *Krinke Kesmes* gegroet wierd op de zelve wijfe als in *Spanjen* het Kruis of andere Heilige Beelden gegroet worden, en is ons het Beeld van *Baloka* alzoo heilig, als het kruis in *Europa* is.

Door de Poorte getreeden zijnde, kwaamen wy op een ruime plaats, rontom met wooningen en ftallen voor Krijgs-luiden geboud. Deeze wooningen waaren vier verdiepingen hoog, de onderfte waaren ftallen, in de twee middelfte woonden de Krijgers, in de booyenfte onthielden haar de jonge Manfchap, welke tot den Oorlog wierden opgevoed, en onderweezen. Op het midden van deeze plaats zag ik een Fontein welke zeer pragtig met veele konft-beelden van dieren vercierd was, en my zeer heerlijk voorkwam. Onder deeze Dieren waaren

N 3   ver

verfcheide die ik niet kenden, en nooit gefien had.

Dit befien hebbende, traaden wy door
een tweede kleindere Poort, over een korter Brugge van 20. treeden lang ; ten einde
koomende, verfchrikten ik zoodaanig, dat
in lange niet bedaaren kon, want aan elke
zijde van het einde der Brug, was een houten Huis geboud , en op mijn voorby gaan
fprong uit elk een zeer verfchrikkelik dier.

Deeze waaren haare ruggen vier en een
half voeten hoog van de grond , lang naa
proportie, haar kop had het fatfoen by naa
als een Aap, maar voor uit hun bek ftonden
twee fwarte tanden van agt duim lang, en
agter uit de zelve kwaamen nog twee witte
flagtanden op het fatzoen als een wild Ver-
ken, ruim zoo groot als de eerfte, zeer yf-
felik om aan te zien , hun kop was gewaapend met een zeer fcherp en fwarte hoorn,
zoo als een Een-hoorn gefchilderd word :
haar lijf was van fatfoen als een Windhond,
maar zoo mufculeus als een Leeuw , en hunne ftaart was nog langer als een Leeuwe-
ftaart; *El-ho* zeide, dat zy daar Dieren mede vatten en worgen konden ; haare klaauwen waaren vreeffelijk : aan ieder poot waa-
render vier, elk van vier en vier en een half
duim lang ; deefe waaren beweeglijk, als
de

de vingers van een hand, van fwart hoorn,
voor aan zeer fcherp; zy hadden lange fterke halfen, waar aan een lange fwarte hairen maane vaft was, de eene was fneeuw-
wit, de andere zoo hoog en fchoon rood,
als ofze met karmozein geverft was; zy laagen aan dikke yferen keetenen: haar geluid
was zoo vervaarlijk niet als haare geftalte,
zy hadden een zoort van gnorren als Verkens, dan grinnekten zy als Veulens, fomtijts een fijne fchreeu geevende; zy waaren
voor weinig tijds aan den Gouverneur gezonden, en uit een geftrand Schip geborgen. Den Gouverneur wilde deefe vreemde Dieren naa *Kesmes* aan den Koning zenden.

Op deefe plaats was ook een Fontein,
veel heerlijker en fchoonder als die op de
voorfte plaats ftond, ook overtreften de
gebouwen welke rondom deefe plaats ftonden de voorgaande; alle de geevels der zelver waaren in Frefco gefchilderd, met uitneemende Hiftorien. Dit Frefco fchilderen
gefchied in een zoort van gijps en kalk, zoodaanig toegefteld, dat alle koleuren daar in
beftendig voor de lugt blijven.

Benevens de Fontein ftonden twee Eeren-
boogen, zeer treffelijk geçierd met Hiftorien, zoo van Deugd, als Overwinningen,
door heerlijke Beelden uitgewrogt.

Wy

Wy traaden door een kleine dog çierlij-
ke houten Poorte (aan de regterhand in 't
midden van de weerzijdfe gebouwen ftaande,) in een groot en fchoon Hof, welk zeer
vermakelijk was, zoo wel door de laanen van
verfcheiden zoorten van Fruitboomen , als
door de veelheid der Fonteinen en Waaterleidingen, met zulke aardige Figuuren en
lieve Waatervallen , dat die niet genoeg
konden befchoud worden. Het vermaak
van die te zien was uitneemend , en door
zulk een geringen toeftel , dat ik my over
de bottigheid der *Europers* fchaamde.

Ik had potlood en papier by my, en tee-
kenden vliegens eenigen uit zoo goed als ik
konde, denkende dat den *Garbon* my naarder onderrigten zou als hy weederom kwam,
en my modellen doen hebben, die ik in
Europa zoude konnen toonen en werkftellig
maaken, dat ook nog zoo gefchieden.

Wanneer wy dit alles wel bezien hadden,
keerden wy weeder naa huis, daar het eeten
al klaar was. *El-ho* nam fijn affcheid. Wy
zetten ons om te eeten, en naa de maaltijd
een pijp gerookt hebbende, gingen wy te
kooy.

Den volgenden morgen naa het nuttigen
van de *Akalou*, kwam den *El-ho* ons zeggen, dat den *Garbon* weeder gekomen was,
dat

dat die ons moeſte verzorgen, daarom nam hy ſijn afſcheid, met belofte van my zomtijts nog te willen bezoeken.

Ik bedankten den *El-ho* voor alle beleefdheid en genooten Vriendſchap, zoo wel als voor ſijn genoomen moeite.

SEVEN.

SEVENDE HOOFDSTUK.

Den Garbon komt weeder by den Schryver, en laat hem veel wonderlijkheeden zien; als de Piramide of Vry-tooren, met alle deffelfs binnen-verçierfelen, welke befchreeven werden. Zaal der Liefden. Spreuken van Sarabafa, uit het Pedeftal der ftilzwijgenheid. Zaal der Wetten van Poele Krinke Kesmes, en haare Beelden van de Dronkenfchap; gebruik der zelve, en veroordeelen van een Dronkaard. Spreuken van Sarabafa van de Dronkenfchap. Zaal van den Soûverein: Beelden in de zelve. Zaal van de Godsdienft zeer heerlijk. Befchryving van de Adyta of Heylige der Heylige. Vry-kaamer in 't plat daar de Vryheid-eifcher op vlugt. De Garbon beloofd een Befchryving en Kaart van Poele Krinke Kesmes. Vier Eerenpoorten, en der zelver Befchryving, welke voor haare punt-tijden of Epocha verftrekken. Ouderdom des Weerelds. Vertrek naar 't Schip.

T En neegen uuren kwam den *Garbon*, dien ik verwellekoomde met alle bedenkelijke beleefdheid, hem vertellende

lende, wat ik met den *El-ho* had weefen
befigtigen. Hy zeide, ik zal voort naa den
eeten weeder koomen en u meerder laaten
zien en onderregten als den *El-ho* heeft konnen doen, zoo wel van 't geheele Land,
als van deefe Stadt, om dat ik den opfiender en bezorger van veele gebouwen ben:
Waar op, naar afscheid genomen hebbende, vertrok, en ten een uur zoo als wy gegeeten hadden, kwam hy weederom, wanneer wy den zelven weg naamen welke den
El-ho met my gewandeld had. Wy kwamen weeder by de voornoemde Piramide of
tooren, maar zag die nu met meerder aandagt en opmerkinge.

Den *Garbon* bragt my onder in den Tooren, daar zeer veele en ruime Vertrekken
waaren, door verfcheiden Perzoonen bewoond; hy, die met alle deefe bekend was,
wierd met alle eere ontfangen. Den Oppaffer die ons kwam ontmoeten, overhandigde terftond de fleutels van alle de kaamers aan den *Garbon*. Voorts traaden wy
in een brave kaamer, daar twee aanfienlijke
Heeren zaaten, in 't rood gekleed, deefe
kwamen op het zien van den *Garbon* ons te
gemoete, en verwelkomden ons. De *Akalou* wierd voort aangebragt; onder 't drinken hadden zy veele difcoerfen, welke ik
niet

niet verftaan kon, maar merkten dat den
Garbon als een eerlijk of rijk man wierde
aangezien; want naa het nuttigen van deefe
Akalou, geleiden deefe Heeren ons tot aan
de trappen, met alle beleeftheid.

Terwijle wy opklommen, zeide den *Garbon* tot my, dat alle dertig trappen hoog,
verfcheide kaamers waaren, welke elk haar
befonder gebruik hadden, en waar van hy
my eenige zoude laaten zien, alzoo hy de
fleutels van alle had, die ons den Oppaffer
was naadraagende. Ik bedankten hem met
een goed hert, hem belovende fijne moeite
te zullen vergelden; hy zeide niets te begeeren; waar op ik antwoorde, mijn Heer,
dat Boekjen van *Cartefius* dat ik u vereerd
heb, is u immers aangenaam; ô jaa! zei
den *Garbon*; waar op ik antwoorde, mijn
Heer gy neemt zoo veele moeite met my,
laat ik daar voor de eere dog hebben, van
aan u eenige Boeken en Kaarten te doen
hebben, welke ik in ons Schip heb, een
Vriend van my in *Holland* heeft die uit liefde tot my, onberifpelijk afgezet, of met
waaterverf gekoleurd. ô De *Pofos!* zeide
hy teegen my, gy zoud my te veel verpligten. Niet met al mijn Heer, antwoorden
ik, gy kond mijne nieufgierigheid weederom voldoen, dat my vergeldinge genoeg is.

Den

Den *Garbon* zeide; ik zal u nieufgierigheid voldoen zoo veele in mijn magt is, en
niemand in deeze Stad kan u meerder doen
hebben als ik, want my zijn alle fleutelen
toe betroud. Onder dit fpreeken kwaamen
wy by een deure, die den *Garbon* open floot,
hier in treedende zag ik een ruime Zaal,
welke nog ligt, nog donker was, maar gelijk als een fchemerligt, dat zig door de
Boffchen fpreid, bekwaam om befchaamde
Maagden in te brengen; deefe was de *Zaal
der Liefde*, hier zag ik veele Beelden, waar
van elk op een rond Pedeftal ftond, dat opgeflooten konde worden, onder elk Beeld
wierden bewaard de fpreuken van *Sarabafa*,
en zoodaanige voorvallen, die waardig waaren geoordeeld, te befchrijven, en te bewaaren, om aan de geheugenis, en naakoo-
melingen overgeleeverd en bekend gemaakt
te worden; en in elke Pedeftal, onder elk
Beeld, beruften zoodaanige befchrijvingen
en fpreuken als het weezen des Beelds uit-
drukte, of vertoonde.

Het *Beeld der Liefde* ftond in 't midden
van de Zaal, zijnde een jonge Vrouw, hebbende als een vuurvlam op haar hoofd:
haar boefem vertoonde tien Borften; in
haar linker arm lag een Kindje, dat zuigen-
de de eene Borft, van haar daar teederlijk aan-
ge:

gedrukt wierd : in haar regterhand had zy
een brandend hert dat zy op het hooft hield
van een van vijf by haar staande lacchende en
speelende Kindertjes.

In haar Pedestal wierden bewaard de Lief-
de-spreuken van *Sarabasa*, neevens eenige ge-
schiedenissen der Liefde, zoo binnen als buiten *Taloujaël* voorgevallen. De gezeide vijf
Kindertjes hadden elk haare beteekeninge: de
eene was de Liefde tot de Deugd, een ander
verbeelde minlik genoegen, weeder een ander de gerustheid &c.

Aan de regter zijde stond het *Beeld der
Natuure*, wat agter de Liefde; deeze was
een geheele naakte Vrouw, houdende een
Valk op haar hand.

Aan de linker zijde van het *Beeld der Liefde*, stond het *Beeld der Stilswijgentheid*, vertoonende een Vrouw, wiens mond met een
ring door haar lippen geslooten was, leggende de voorste vinger van haar regter
hand bezijden den ring op haare geslooten
lippen, en hebbende in haar linker hand,
een Zeegel-rink, drukten die nog aan de
linker zijde des rings op haare mond. Ik
zag met groote naarstigheid het *Beeld van
Stilswijgentheid* aan, als wanneer een Heer
by ons in de Zaale trad, hy en den *Garbon*
groeten malkander, en naa een kort gesprek
dat

dat ik niet verftond , trad den *Garbon* naa
my toe , zeggende ik moet den Gouverneur
fpreeken om gewigtige zaaken , die ik niet
voorby kan. Hy floot het Pedeftal der Stilfwijgendheid op , krijgende daar uit een half
vel papier, aan my dat geevende , en zeide ,
fchrijft dit af; op die taafel is pen, inkt en
papier, zal daar teegen gy dit hebt afgefchre-
ven weederom by u zijn : dit zijn een weinig van de Spreuken van *Sarabafa*, raakende de *Stilfwijgendheid*. Ik bedankten hem.
Hy vertrok met den Heer, fluitende de deure toe; ik had wel begeerte om alle de Beelden te bezien , maar dagt den *Garbon* mogt
in 't korte weeder koomen, en haaftig zijn,
ik wil dit eerft affchrijven, daar naa kan ik
de Beelden genoegzaam befchouwen.

*Dit volgende is het Affchrift van dat hy
my overhandigde, zijnde Spreuken.*

Het *Stilfwijgen* is de eerfte trap tot de
Wijsheid, de Minnemoeder der Vreede, en
de bewaarfter der Deugd.

In de konft van *Stilfwijgen*, en zig niet te
openbaaren, beftaat alle geheim.

Een wijs Man verklaart hem niet, om
dat hem bekend is , dat hy dan Schatting
be-

betaalt aan zoo veele menfchen als hy hem ontdekt,

Stilfwijgen is het heiligdom van de Wijsheid, jaa heeft veele van de Goddelijkheid, want zy verkeert het gebrekkelijke in een loffelijk geheim.

Stilfwijgen geeft de zelfde luifter aan de reeden, als de fchaaduwe aan de koleriten der Schilderyen.

Stilfwijgende menfchen, zijn bedagtzaam en voorzigtig in 't fpreeken, en zy worden gefteld buiten 't getal der Sotten.

Zig te onthouden van fpreeken, is het zeegel van bekwaamheid; want veel fpreeken verfwakt het verftand, en doet de gedagten in de lugt verdwijnen; dog men moet op fijn beurte zomwijl een weinig zeggen, om niet altoos een bloote aanhoorder van eens anders reeden te weefen, en dan nog moet men fpreeken als de Gemeene, maar denken als de Wijfe.

Een goed Politijk moet meefter van fijn tonge zijn; want de ziele van een wijs Man ruft aan de wortel fijner tonge; maar die van een

een Gek, die danſt op het tipje der zelve.

Eéne die vaardig in 't ſpreeken is, ſtaat altijd op het tip van verwonnen en overtuigd te worden: men kan dikwils meer zeggen als andere willen hooren; daarom moet men ſpreeken als met teſtamenten; dat is, hoe minder woorden, hoe weiniger krakeel.

Secreteſſe is de Ziele van alle groote onderneemingen, en de goede uitkomſten in gewigtige handelingen moet men zoeken in dezelve ſtil te houden: daarom, indien gy zaaken van gewigt verhandeld, dan ſpreekt nooit, antwoord niet meer als u gevraagd word; maar hoort naarſtig toe, en vat op die te veel klappen.

Die zig onthouden kan, heeft groote heerſchappye over zig zelfs.

De Wijſen houden haar altijd geſlooten: en nog te meer, als zy de Luiden niet kennen tot wien zy ſpreeken.

Als men zig uitdrukt, moet men niet te klaar zijn; want geheimenis verwekt eerbiedigheid, en men gaat voor een bekwaam Man wanneer men niet verſtaan word.

O   Een

Een hert zonder geheimenis, is als een openen Brief en een verklaard besluit, en is als een open spel dat niet geagt word.

Daarom moet men zig nooit verklaaren, want men houd de geesten in twijffel wanneer men zig niet voort verklaart. Zoo houd God alle menschen in verwagtinge: dat naa te volgen is wijsheid.

Die zig niet terstond verklaard, die houd eens anders gedagten in twijffel en verwagtinge; daarom drukt u nooit te klaar uit; want een verklaard besluit wort niet geagt, om dat het is als of men met een open spel speeld.

Wie sijn Kaarten aan anderen vertoont, doet hem zelven en sijn meedestanders schaade; men moet bedekt zijn, en de zulke niet veele vertrouwen die haar ligt openbaaren; want die alles aan andere vertrouwen, zulke moet men niet vertrouwen.

Men moet openhertigheid schouwen; want sijne gedagten te ontdekken, is de poorte te openen tot de sterkte van sijn gemoed.

Zijt schrander, dog begaat geen buiten-
spoo-

spoorigheid in 't ontdekken uwer bekwaam-
heeden, gebruikt de middelmaat.

Onderzoekt eens anders herte eer gy het
uwe openbaart, spreekt niet veel, en dan
nog niet als dat gy wel weet.

Om jemants herte te ontdekken, moet
men met hem twisten of verschil maaken.

Door yver van woorden worden veele ver-
rukt, zoo dat zy voor den dag brengen dat
beeter gesweegen waar.

Het is Wijsheid in anderen iets te ontdekken, en zig zelf te verbergen.

Zoo is men dikwils ook onvoorsigtig van
zig te openbaaren in 't speelen; en ons gemoed staat bloot en open in 't boerten. Ook
is in de wijn de waarheid, een dronken hert
kan niet veinzen. Door liefde der Vrouwen, word ook veele openbaar.

Men moet voor Verspieders van onse gedagten, onse herten bedekken met waur-
trouwen en onthoudinge.

Uwe gedagten blijven de uwe, zoo lange gy die binnen houd; maar eens in de lugt

tot

töt woorden gemaakt, dan behooren zy aan een ander, welke als dan tot u verdert konnen gebruikt worden.

Doorgrond eens anders gedagten, en verberg de uwe.

Al te opentlijk te gaan, is dikwils haatelijk en zeer moeijelijk, het gaat zeekerder en ligter dat men fijn voorneemens in houd.

Men moet ingetoogen zijn, en zig aan al de Weereld niet gemeen maaken; maar fijn naame veranderen volgens de plaatfen en zaaken; dog egter zig wagten van niet verrast of bedroogen te worden.

Een liftig menfch, die moet weefen vaardig van verftand, alles fien, doorfien, en oordeelen, weinig fpreeken, veinfen, fijn gedagten en voorneemens bedekken; maar evenwel waarlijk met beleefdheid, vriendelijkheid, en met een bly gelaat handelen.

Men moet liftig zijn om fijne gebreeken te verbergen, en behendig fijne hertstogten ontveinfen, op dat een ander nooit onfe drift kenne, en dat uit vreefe dat zy u mogten voorkoomen door teegenfpreeken of pluimftrijkery.

Ont-

Ontveinſen is het voornaamſte in de Politie, men moet dikwils ſchijnen en veinzen
niet te verſtaan, dątmen verſtaat.

Het onverſtand neemd de wijk uit den
Tempel van *Stilſwijgentheid*, want de woorden worden ligtelijk uitgeput, als het verſtand onvrugtbaar is.

Leerd ſwijgen, tot u het ſpreeken niet
deeren mag, en gy in een hooger rang zijt.
Die zijn tonge weet te breidelen, word aan-
gezogt.

Al wie ontdekt, word Meeſter.

Openbaard geen gebreeken der grooten,
want zy lijden dat niet.

Veele dingen worden lacchende geſegt of
gedaan, die naamaals ſchreijende beklaagd
worden.

Met als ik dit laaſte ſpreukje ſcheef, ſloot
den *Garbon* de deure op, en trad met een
Heer binnen; ik ſtond op, en groeten haar
met alle beleeftheid; den *Garbon* trad naa de
Taafel, en neemende het Papier, daar uit
ik dit naageſchreeven had, ſloot dat weeder
in het Pedeſtal van de *Stilſwijgendheid*.

Terwijl den *Garbon* beesig was met een Brief te leesen, bezag ik de Beelden welke de *Liefde-zaal* verçierden, en waaren de volgende.

Vriendschap, was een Vrouw met Mirten en Granaaten gekroond, met haar regter arm omhelsde zy een dorren Boom daar een Wijngaard om geslingerd was, op haar kleed waaren veele Spreuken, die ik niet verstaan kon.

De *Vrolykheid*, wierd vertoond met een jong dansend Meisje, hebbende een krans van Bloemen om haar hoofd, en haar Rok met veel'erley bloemen geborduurd, zy had in haar regterhand een roemer, en in haar slinker een schaale.

Schoonheid, was een Vrouw die haar hoofd ten deele met Wolken bedekt had, zijnde anders naakt, in de regterhand beurde zy op een passer met een kloot, met de linker een lelie.

Het *Huwlijk* wierd verbeeld door een Jong man, welke een Juk om sijn hals had, een Trouring aan sijn Vinger, een Quee-appel in sijn hand, hebbende Boeijens aan sijn voeten, waar meede hy op een Slange trad.

Hier waaren nog meer Beelden, die, om dat den *Garbon* wat haastig scheen, konde ik die niet alle beschouwen, dog den *Gar-*

bon

bon beloofde my alles schriftelijk te zullen doen hebben, en was al eene van sijne Dienaars daar meede in de Spaanse taale beesig.

De *Liefde-zaal* verlaatende, kwamen wy na dertig trappen opgeklommen hebbende, weeder in een schoone kaamer, in deese wierden alle Wetten van geheel *Poele Krinke Kesmes*, als ook die van deese Vry-staat *Taloujaël* bewaart.

Hier zat het Beeld van den zeer wijzen Wet-geever, en Philosooph *Sarabasa*, als een *Sineese* Af God aan een Taafel, waar op laagen g. slooten, en opene Boeken, Brieven Zeegels, &c.

Wat agter hem stond een Advocaat met een mutse of kap, en tabbaard van promotie verçierd.

Daar neven stond de *Geregtigheid*, die had in de eene hand twee Schaalen : in de eene Schaale stond een Hond, in de andere een Slang, en in de andere hand had zy een bloot Swaard.

Het *Leeven* wierd hier ook vertoond, door een jonge Maagd; met *Semper Vivum* gekroont, hebbende in de eene hand een brandende lampe, in de andere een oly-kan, waar uit zy in de lampe goot.

Aan de andere zijde stond de *Koopmanschap* of *Handelinge* tusschen de *Rijkdom* en 't *Geluk* en *Ongeluk*,   O 4   De

De *Koopmanfchap* of *Handelinge* wierd vertoond door een lacchende Jongeling ; deefe had in fijn regterhand drie tongen, in de linkerhand een elle, fchaale, koorenmaat, en een voetmaat, met een paffer ; by fijn voeten ftond een volle geldbeurs, fpiegel, en Slange.

Op het Pedeftal van de *Rijkdom* ftond een Schaap, waar beneevens laagen eedel gefteenten, goude keetens, en vaaten, geld, kroonen, fcepters &c.

Het *Geluk* en *Ongeluk* waaren twee Beelden, teegen malkander over ftaande, houdende beide de regterhand om hooge en open, de eene was Rijkelijk, de andere als een Sluaf gekleed ; boven haar als uit een Wolk kwamen twee handen kruiswijs over malkander, de eene gaf aan de Rijke een volle geldbeurs, kroone, en een beeldje van een jonge Maagd. De andere gaf aan de Arme een leedige omgekeerde beurs, een dorre doorentak, met eenige Scorpioenen. Voor het Pedeftal van 't *Geluk* en *Ongeluk* ftond een drie-hoek.

Wy deefe Zaale verlaatende, klommen nog dertig trappen op, alwaar den *Garbon* weederom een deure ontfloot; daar in treedende, zag ik her al weederom verfcheiden Beelden, welke ik niet en kenden. En

vraa-

vraagende war dit beduiden? zoo antwoorde den *Garbon*, dit is de kaamer van de *Dronkenſchap*. Ik begon te lacchen, en vroeg hem, waar toe diend deeze? hy antwoorde, deeze heert een groot gebruik in ons land; hier worden de Dronkaarts ingebragt, haar deeze Beelden aangetoond, en uit elk Pedeſtal de ſpreuken van *Sarabaſa* voorgeleezen, en onderregt, niet door Geeſtelijke met de Gods-dienſt; maar door verſtandige Politike. Hoe geſchied dat vraagde ik? hy antwoorde, wanneer in deeze Stad *Taloujael*, een Menſch is die hem met veel drinken te buiten gaat, zoodaanig dat hy zijn beroep verwaarlooſt, zijn goed verminderd, en daar door zijn Huis-houding niet verzorgd, en zijn eigen gezondheid naadeelig is. Zulk een Menſch, word eerſt gewaarſchoud door den Wijk-meeſter van de Wijk waar in hy woond; hy hem niet beeterende, word dat aan den Raad bekend gemaakt, welke hem dan gerigtelijk doen vermaanen, afſtand van ſijn te veele drinken te doen; zy laaten hem zeggen dat de Dronkenſchap ſchaadelijk voor zijn Huisgeſin, ſchandelijk voor hem zelven is, onnut, en aanſtootelijk voor het gemeen. Zoo het gebeurd dat hy hem nog niet en beeterd, en van zijn overvloedig zuipen op houd,

O 5   dan

-dan word het den Gouverneur bekendt gemaakt.

Deeze doet den Suipert voor hem brengen in zijn Paleis, hy in zijn Rigter-ftoel gezeeten zijnde, vraagt den Dronkaart, waarom hy op de eerfte en tweede vermaaninge
fijn zoo fchaadelijk en fchandelijk leeven
niet heeft verlaaten, en zijn eere, voordeel,
en gezondheid, niet weeder heeft willen in
agt neemen? te antwoorden word den Dronkaart niet toe gelaaten, om dat den Gouverneur meend, dat, dat maar tijdverfpillen
is.

Hy word terftond gebragt in een andere
Kaamer, daar een Geeftelijk en twee Wijze
Raads-Heeren zijn, hier koomende, fteld
den Geeftelijken hem fijn zonden voor oogen
hoe hy teegen *God*, den *Koning*, en *Baloka*
gezondigd heeft.

Dan word hy de Wagt overgeleeverd,
deeze brengen hem des voormiddaags ten
tien uuren op de vijfde trap van de Piramide, daar moet hy vijf uuren blijven ftaan,
met het gezigte naa het plein, om van elk
gezien, en bekend te worden. Dog hier
in word onderfcheid gebruikt, en word een
morgen-dranks zuiper ftraffer gehandeld, als
een die des daags nugteren, en des avonds
alleen dronken is.

Ten

Ten drie uuren koomen de twee Raads-heeren met een Secretaris, klimmen met den Dronkaart opwaarts tot in deeze Kaamer; hier koomende, moet hy teegen over dat Beeld de *Dronkenschap* gaan ftaan, en dat fterk aanzien. Ik vraag le welke is het Beeld van de *Dronkenschap*? den *Garbon* antwoorde, daar ziet gy een boom, met een wijn-gaard omwonden, het Beeld omarmt die met zijn linker arm, in welker hand hy een wijn-kanne houd; hy heeft een zots-kap op zijn hoofd, uit zijn lacchende mond ziet men een groote wijn-tand, hy is met ge-fcheurde kleederen gekleed, ftaat op bloote voeten, en wijft met zijn regter voorfte vinger op een groote en veele kleine roe-mers, die elk een byzondere koleur hebben, voor hem leid een leedige geld-beurs.

De Heeren gezeeten zijnde, fpreekt den oudften Heer den Dronkaard aan: gy N. N. hoe zijt gy dus vervallen, gy zondigd tee-gen God, den Koning, teegen de Wet en u zelf Gy weet dat *Baloka* uwe daaden daagelijks aanteekend, waar wil dit ten laa-ften met u heen? wanneer gy dus voort vaart, zult gy u overige goederen verkwiften, u tot alles onbekwaam maaken, en u huis-ge-zin niet in eer konnen voeden, dan moet gy immers naa het Eiland *Lankeja*, daar moet
gy

gy zeer fwaaren arbeid doen, daar word gy
met flegt voedzel gefpijft, daar moet gy ge-
fcheurde kleederen draagen, en bloot-voets
gaan. Gy behoorde tot deeze laatfte waar-
fchouwinge niet gewagt, maar eerder u
zuipen verlaaren, en van u Dronkenfchap af
geftaan te hebben.

Men zal u hier een weinig fpreuken, (raakende de *Dronkenfchap*) voorleezen, door
Sarabafa opgefteld, u die meede geeven ten
einde gy die met aandagt leeft. Gy zult nu
weeder tot avond ten agt uuren op de vijfde
trap te pronk ftaan

En u dan niet beeterende, op het eerfte
aanbrengen van u Wijk-moefter, naa *Lankeja* gebannen worden : dan zalmen u zeer
veele fpreuken van *Sarabafa* meede geeven,
op dat gy kond zien, tot wat kwaad gy u
zelf door den dronk gebragt hebt.

Dan leeft den Secretaris hem een weinig
fpreuken voor, uit het boek van *Sarabafa*,
uit het Kapittel van de *Dronkenfchap* : het
welke niet anders behelfd als zeer deftige
fpreuken, elk een byzonderen zin hebbende.

Ik vraagde of ik eenige van die fpreuken
mogte affchrijven? hy zei, die zijn te veele,
ik zal u een goed getal behandigen, die gy
meede zult neemen, om op u Schip af te
fchrijven, dan hebt gy een voortreffelijk
tijd-

tijdverdrijf, met een zeer deftige studie.

Maar voor dertien daagen, is hier zulks geschied, en sloeg den Secretaaris op het zesde blad in 't Kapittel van de *Dronkenschap*, en las het volgende den zuipert voor.

Het Boek lag nog op de taafel, hy zeide schrijft deeze zijde af, en niet meer, het voorige, en het volgende zal ik u hier naaterhand stellen.

Hy zetten hem om te rooken, ik om te schrijven. Heel boven aan 't blad stond,

Van de Dronkenschap.

Het gebruik van *Wijn* is uit den Heemel, en het misbruik uit de Helle voort gekoomen.

Maatig gebruik van *Wijn* is de geest der Engelen : maar het onmaatig gebruik, is het bloed der Duivelen.

Wijn is een vriend der Waarheid, een vyand van veinsen ; zy ontsluit de kabinetten der herten, en ontdekt alle secreeten. Ook is zy een medicijn matig gedronken; want weinig verheugd, veele ontteld, maar overdaad ontsind.

Wijn maatelijk gebruikt maakt vrolijk,
en

en verheugd de geeft, zy heeft de welfpree-
kendheid en konftige vindingen voortge-
bragt, zy ontbind de gebonden geeften, en
kan van hooge zaaken fpreeken. Maar onmaatig gebruikt, maakt een Menfch als
een Beeft, en een Wijze zot.

Wie een glaasje drinkt voor den dorft,
het tweede om den geeft te verluftigen, het
derde ter eeren van een Vriend, doet niet
kwaad; maar elk moet hem wagten voor
overdaad en verkwiftinge.

Wijn wekt de geeft op, en maakt de
ziele wakker; maar die te veel gebruikt,
duurt zulks niet lang, dan word men dof
en loom.

De *Wijn-dampen* doen ons aardig fchijnen
aan ons zelven, maar belacchelijk aan andere.

In de *Wijn* leggen alle ondeugden verborgen.

Die een groot Vriend is van de *Wijn*, is
een vyand van hem zelven.

De *Wijn* is het bloed der Aarde, en een
hoofd-vyand der Jeugd; zy verftomt de fpits-
vin-

vinnigheid der zinnen, vermeerderd de pij-
nen, verhit de ingewanden, verwert de
inbeelding, vernietigd de geheugenis, ont-
roert de reeden, en verdert de vogten, en
is by gevolg een hoofd-vyand van onſe gezondheid.

Een Wijs Man verlieſt door de *Dronkenſchap* deeſe volgende drie zaaken:
1. De Heerſchappye van ſijn gedagten.
2. De Toom van ſijn Tong. En,
3. De aanzienlijkheid van ſijne Jaaren.

Men moet nooit zoo veele drinken, dat
het verſtand of de voeten leuteren; veeltijts
zit *Cupido* in den roemer, en *Venus* ſchuild
onder in den Wijn.

Wanneer dat door de *Wijn* iemand tot
ongereegelde driften vervalt, zoo verkort
hy niemand meer als hem zelf.

Een Slnipert verkwiſt ſijn lighaam, tijd,
en goederen, terwijl hy ſijn agting aan de
Weereld opoffert.

De lekkerſte *Wijnen*, ſmaakelijkſte ſpij-
ſen, liefkelijkſte luſten, en de aangenaamſte
vermaaken, worden alle zeer ras van de
walgelijkheid gevolgd!

De

De *Circe* van *Ovidius*, kan zoo wel op de *Dronkenfchap*, als op de Weereld gepaft worden; want de *Dronkenfchap* verandert den Menfch in Beeftagtige bedrijven en gedagten, dus wort men als een Leeuw, Schaap, Swijn, Aap, Bok, Nagtegaal, Stier &c.

Een die *Dronken* is, moet als een zinneloofe aangemerkt worden, want zoo lange als eene voorzigtig en wijs is, zal hem de *Dronkenfchap* niet bevangen.

Een *Dronkaard* kwetft fijn Natuur, verwerpt alle gunft, hy verlieft fijn eer, geld, en gezondheid. En wat ondeifcheid is 'er, of iemand zig zelver voort doodet, dan of hy dat door den drank van langzaamer hand doet.

Een *Dronkaard* koopt voor fijn geld, zotheid, ongezondheid, armoede, fchande, en een berooid hoofd.

Een *Dronken* menfch is geen meefter van fijn gedagten, nog van fijn tonge, hy fpreekt zonder fchaamte van oneerlijke dingen: van een Man word hy een Kind.

Door

Door *Dronkenfchap* worden veele goede dingen verhinderd, zy is de Moeder van alle kwaad, zy ontbloot ons van de reeden, zy baard zonde, fchaade en fchan...

Dit hem voorgeleefen hebbende, wierd nog de leelijkheid van de *Dronkenfchap* zeer fcherp in hem beftraft; hy moeft dan weeder op de vijfde trap te pronk ftaan, welk gefchiede. De Heeren vertrokken zijnde, wierd hy op de trap gefteld.

Hy in plaats van befchaamd te zijn, riep daar veel Volk by een; en begon met een lacchend en bly gelaat te fpreeken, en zeide:

De *Wijn* is in 't midden beft, om dat het bovenfte eerft door de lugt word aangedaan en bedorven, zy word daar door dan wateragtig; het onderfte is moerig, drabbig, heffig &c. Ik zegge u zeyde hy, goeden Wijn moet zijn klaar, fubtijl, oud, van rijpe druiven, die niet rottig zijn, in 't glas fpringende.

Alle Wijnen kan men in fleffen lang goed houden, met Olie daar op te gieten.

Het Bier moet klaar zijn, gebrouwen van onbedorven koorn, lang en ten vollen gekookt; niet zuur; maar oud, klaar, en van de heffe wel gezuiverd.

Dit gezegt hebbende, haalden hy een

flesje

fleſje met Brandewijn uit ſijn zak ; ha! lieve morgenſter ! zeide hy, gy zijt mijn vermaak, waarom zoud gy alleen des morgens
goed zijn? waarlijk, het is op den dag, jaa
des avonds alzoo gezond als des morgens;
met dronk hy het fleſje uit, ô Goddelijk
vogt ! riep hy, wat Schip zou in zulk een
Zee niet gaaren verzinken. Met begon hy
te zingen een drink-liedjen.

De Gouverneur dit aangediend zijnde,
liet hem aanſtonds haalen, en voort zenden
op het Eiland *Lankeja*, daar hy teegenwoor-
dig moet arbeiden, en zeer zoobere ſpijſe
geniet, al wat hy meer verdiend als hy ver-
teert word tot onderhoud van ſijn Huis be-
ſteed.

In de Zaal der *Dronkenſchap* ſtonden de
volgende Beelden.

De Narägtige *Sotheid* wierd verbeeld door
een lacchende Vrouw, die haare naaktheid
vertoond, houdende in de eene hand een
molentje, in de andere een Schaaps-hoofd.

De *Geilheid* ſtond byzijden de *Sotheid* ;
deeſe was een zeer ſchoone en bynaa naakte
Maagd, zittende op een Geite : hebbende
in de eene hand een Patrijs of Veld-hoen,
en in de andere een Scorpioen, en een groote roemer Wijn.

Ter zijden ſtond de *Onſtantvaſtigheid*,
zijnde

zijnde een Vrouw, staande op de Weereld,
houdende in de eene hand een halve Maane,
in de andere een Chameleön.

Digt daar by stond de *Agterklap*, zijnde
een leelijk Wijf, die een gespleeten tonge
uit haar mond stak; op haar eene schouder
zat een Exter, op de andere een Raave,
haar kleed was met Scorpioenen en Adder-
tongen bezaaid:

Het *Bedrog* stond hier als een oud Wijf,
hebbende een muise-valle op het hoofd, een
hengel-roede in de hand, haar kleed was
vol mom-aangezigten; by haar stond vuur
en waater.

Het Beeld van *Kwaad-spreeken* was ook
een oud Wijf, met Egels-vellen gekleed,
hebbende een swarte verf-kwast in de eene,
en een roestig mes vol scharten in de andere
hand.

Hier digte by aan de deure stond de *Armoede*, als het laatste gevolg der *Dronkenschap*,
zy stond als een Heidinne, buigende haar
hals onder een dienstbaar Juk, een Hond
bepisten haar.

Hier uitgaande, bragt my den *Garbon* nog
dertig trappen hooger, in de kaamer van
den Souverein.

Hier zat het Beeld van den Koning *Cham-
Hazi* in een schoonen Throon, met een mas-

five gouden Kroone op fijn hoofd, een gouden Scepter in fijn hand, op wiens opperfte
een menfchen ooge, zeer çierlijk en leevend
gemaakt ftond; om fijn hoofd had hy ftraa-
len als de Sonne, fijn andere hand ruften
op een Boek dat voor hem op de taafel ftond;
dit was het Boek daar de meefte Wijsheid
was in verklaard, die in *Krinke Kesmes* bekend was. Op het Boek was gefchreeven
met goude letteren, *die niet kan Veinfen, kan
niet Regeeren.*

Nevens hem zat het Beeld van een *Hifto-
ry-Schryver*; dit Beeld fcheen een aanzienlijk
Man; voor hem lag fchoon papier, daar by
ftonden alderhande koleuren van fchrijf-baar
metaal, in fijn hand had hy veele pennen
van verfcheiden fatfoen, gelijk fcherpe,
ftompe, ftijve, flappe, regte, kromme &c.

Aan de andere zijde van *Cham Hazi* ftond
het wonderlijk Beeld, genaamd de *Politie*:
dit was,

Een Vos, zittende op een Kameel, die
ftuurende met een gouden Toom, zijn Zaal
daar hy op zat was een Schild-pad, zijn Pi-
ftolen Verre-kijkers, zijn Scabraçq met
Slekken bezet; hy had een Geeftelijke Mij-
ter op zijn hoofd, om zijn hals hing een
Keeten Brillen, van allerhande koleur, en
veelderlei fatzoen, daar onder een Horlogie
aan-

aanhangende ; zijn Mantel was vol Oogen
en Ooren, onder zijn Oxels hadde hy Boeken, Papier, Pennen, Inkt, Penzeelen, en
Verf; in zijn regter Poot hield hy een Schaale, die hy geduurig in balans zogt te houden, met nu in de eene, dan in de andere
blaazende, in zijn linker Poot hield hy een
Touw, daar Eezels, Bokken, en Verkens,
met Buffels aan gebonden waaren, die hem
goedwillig fcheenen te volgen.

De *Geveinftheid* wierd hier verbeeld, door
een maager Wijf, gekleed met Schaape-vel-
len, waar onder heen een Wolf uit kijkt, in
haar hand was een Boek en Paternof-
ter.

Daar ontrent ftond de *Gierigheid*, dit
was een oude, lelijke maagere Caronje van
een Wijf, met gefcheurde vodden gekleed,
zijnde bloot-voets, knoopende met beide
handen een volle Geld-beurs toe; by haar ftond
een maageren Wolf.

De *Eedelheid*, was een fchoone Vrouw
koftelijk gekleed, hebbende in de eene hand
een Lançe, in de andere het Beeld van *Pal-
las*, op haar hoofd was een Kroone van Sterren, voor haar op een taafel, laagen Kroonen geld, Boeken, en Swaarden.

Den *Oorlog* was een gewaapend Man,
hebbende in de eene hand een Bloed-fwaard,

in

in de andere een brandende Fackel, ſijn helm-çieraad was een Tijger, op zijn ſchild ſtond een Wolf en Krokodil met yzelijke klaauwen, zijnde met allerley Oorlogs-tuig behangen.

Hier beneeven ſtond de *Tol* of *Schattinge*, als de zenuwe des Oorlogs, verbeeld door een *Pachter*, zijnde een ſterk Jongman, met bloote armen en beenen, ſijn hoofd is bekranſt met een eiken-krans, daar Paauwe-veeren als Pluimen op ſtaan, ſijn Rok is vol oogen en ooren, in zijn regter hand houd hy een Schaar, in de ſlinker een ſtomp Mes met een ronde punt, voor ſijn borſt zijn twee Meſſen gekruiſt: in plaats van een Deegen, heeft hy op ſijn ſlinker zijde een droog-ſcheer-ders Schaare aan een draagband; by hem ſtaat een Schaap, voor ſijn voeten leggen verſcheiden Knijptangen.

Deeze Zaale verlaatende, klommen nog dertig trappen op, hier ontſloot hy de Kaamer van de *Gods-dienſt*.

Hier moeſtmen de Schoenen uittrekken, en de voeten waſſchen in een bak daar ten dien einde geſteld, eer dat men in de Heili-ge plaats mogt in treeden. Hier verwon-derden ik my door der zelver toeſtel, en overgroote pragt.

Deeze zaal was van binnen rond, het gewelf,

welf, muuren, en vloer, was uitneemend
fchoon op zijn Mofais gewrogt, met goud,
filver, azuur, zulk hoog rood als karmozein,
met zeer gloejend groen, dat alles zoo uitneemend glanzig was, dat ik my niet genoeg
verwonderen kon.

Tien voeten van de muur was rondom
een affchutzel, konftig gefneeden, en door
gebrooken met veele Hiftorien en Beelden;
verbeeldende eenige mirakelen of wonder-
werken, door eenige van haare Heiligen ofte Martelaaren gedaan, zoo den *Garbon* zeide. Ik dit ziende, en van den *Garbon* dat
hoorende, dagt in my zelf, immers meinen
en zeggen alle Gelooven, haare Heiligen,
en Martelaaren te hebben.

De plaatze, offpatie van dit rond, dien-
den om de Offerhanden te ontfangen, die
elk volgens de Wet op zeekere hoogtijden
ofte heilige daagen daar moeten koomen offeren; ten dien einde ftonden daar zeer veele offerkiften, zijnde rond, booven met een
gat waar door de Priefter dezelve in de
kift ftak.

Den *Garbon* een andere deure openende,
trad met my in de tweede verdeelinge, welke ook rond, en tien voeten breed was.
Deeze plaatze was heiliger als de eerfte, hier
wierd gebiegt en gebeeden; het tweede af-

P 4   fchut-

ſchutſel was vijf voeten hooger als het eerſte, en bedekt door een blaauw ſatijnen kleed,
met goud geborduurd, dat men met zijden
koorden konde optrekken, om het binnenſte te beſien.

Den *Garbon* had de goedheid van het kleed
zoo hooge op te trekken, dat ik het binnenſte zien kon; op het eerſte aanzien wierd
ik eenigſints ontroerd, over de onwaardeer-
lijke koſtelijkheeden en ſchitterende glans,
van zoo veele volmaakte glanſſen en werken.

Dit binnenſte vertrek was de *Adyta*, ofte
het *Heilige der Heiligen*, daar mogt niemand in komen als den Koning, of door
deſſelfs ſchriftelijk bevel.

In het midden van deeſe *Adyta* of *Heilige der Heiligen*, ſtond een ronde gouden kiſt,
ruſtende op de ſchouders van tien goude
Engelen; in deeſe kiſt wierden veele Hei-
ligdommen bewaard. Boven op het dekſel
waaren tien goude Beelden van *Baloka*.

In deeſe *Adyta* of *Heilige der Heiligen*,
moeſten de Princen, Veld overſten en Gou-
verneurs haar eed van getrouwigheid, met
veele Ceremonien en Offer-giften afleggen:
als in de teegenwoordigheid van *God* en
Baloka.

Rondom deeſe Kiſt ſtonden de Beelden
van

van de *Kindsheid*, *Opvoeding*, *Gewoonte*, *Wijsheid*, *Deugd*, *Eere*, *Gehoorzaamheid*, de *Hoope* en *Eeuwigheid*.

De *Kindsheid* was als een Kindje van drie jaaren, rijdende op een houten kermis paardje, houdende in sijn regterhand een schoon papier als iemand dat aanbiedende, om daar op te schrijven wat men wilde.

De *Opvoedinge* was een bedaagd Man, die een Kind in een Boek onderwees, hebbende in sijn andere hand een roede, toom en slange; neevens hem stond een kraaijenden Haan.

De *Gewoonte* vertoonde een oud Man, belaaden met verscheiden Musijk en andere Instrumenten; by hem stond een slijp-steen.

De *Wijsheid* wierde hier vertoond door een oud zittend Man, hebbende de voorste vinger van sijn linkerhand voor sijn voorhoofd, als in gedagten weefende; voor hem op de taafel stond een brandende lampe met een kanne, beide vol olie, daar neevens leide een Boek daar de Beeltenisse van *Baloka* in was.

De *Deugd* stond als een schoonen Jongeling, hebbende een krans van gras en eiken loot en eikelen om sijn hoofd, daar boven op stond een Sonne, op sijn borst stond een ronde O, waar in een vierkant, en in deeze

P 5 wee-

weeder een gelijkzijdige drie-hoek getrokken was, in fijn eene hand had hy een lançe
met lauren omflingerd, in de andere had hy
verfcheiden Kroonen, fijn regter voet ftond
op een vierkante fteen.

De *Eere* was verbeeld door een Jongeling,
wiens hoofd met lauren bekranft is, hebbende in de eene hand een fpiets, in de andere een overvloets hooren met vrugten, bloemen, en blaaden gevuld.

De *Hoope* ftond hier als een jonge Maagd,
ziende opwaarts naa den Heemel, reikende
met haar regterhand een lelye om hoog,
en leunde met de flinkerhand op een anker.

Aan de deure ftond de *Eeuwigheid*, zijnde een ftaatige Vrouw met los hoofd-hair,
haare zijden verlangden haar aan beide zijden,
koomende booven haar hoofd te zaamen,
zoo dat zy in een ronde Circul zat, die blaau
en met Sterren bezaaid was, in haar eene hand
was een goude Sonne, in de andere een zil-
vere Maane, twee zaaken die alles baaren,
voeden, en onderhouden.

Deeze Beelden, gelijk ook alle de voor-
gaanden in de andere Zaalen, ftonden op
ronde Pedeftallen, van binnen hol, die als
kiften konden opgeflooten worden; in de
zelve wierden de fpreuken van *Sarabafa* bewaard.   Do

De Heilige *Gouden Kift* die met haar boorden op tien Engelen ruften, had nog regt
onder haar in 't midden een Pedeftal, daar
deffelfs boodem op ruften, in deeze waaren
de Spreuken van de Gods-dienft beruften-
de.

De Heilige kaamer verlaatende, klommen
nog dertig trappen op, alwaar den *Garbon*
een Kaamer op floot, daar ik niet zag als drie
Beddefteeden, drie ftoelen, een taafel, daar
op, pennen, inkt, en papier, met eenige
Boeken : ik vraagden wat dit beduiden?
den *Garbon* anwoorden, dit is de *Vrykaa-
mer*, ik zal u het daatelijk zeggen, hier is
dog niet te zien. Hy floot de deure, en wy
kwaamen naa dat nog twintig trappen waaren opgeklommen, booven op het plat.

Dit plat had vijftien voet in zijn Diame-
ter, rondom met een leuning voorzien,
in 't midden was een hoog Pedeftal, waar
op den Engel *Baloka* alle Heilige daagen,
wierde ten Toon gefteld, als wanneer elk
hem groeten, en kwaamen Offeren en Bieg-
ten.

Hier by ftond een ongeflooten kooperen
Kift, waar in een fleutel en een kooperen
Hoorn lag. Ik vraagden wat dat beduiden?
den *Garbon* antwoorde wanneer een Vlugteling op dit plat komt, blaaft hy driemaal op
den

den Hoorn, als wanneer den bewaarder van
deeze Piramide moet booven by hem koomen, die dan deeze fleutel krijgt, en brengt
de Vlugteling in de *Vry-kaamer*, de deure
voort fluitende, gaat terftond den Gouverneur het bekend maaken, dat daar een Man
is die *Vryheid* eifcht ; den Gouverneur fend
daar op voort twee Raads-heeren, met een
Secretaris, neevens eeten, en drinken.

Deeze booven koomende, verhooren den
Man die de *Vryheid* eifcht ; en wanneer
het blijkt door fijn reedenen, en dan door
getuigen, dat hy door ongeluk of noodzaakelijkheid, een Dood-flag, of iets anders
begaan heeft; als by voorbeeld, zoo hy was
uitgedaagd tot Vegten, of om zijn eere, of
leeven te befchermen, een Manflag begaan
had, zoo word hem dat eeten en drinken
voor gezet, en hy van de andere noodzaakelijkheid verforgd, tot zoo lang, dat fijn
Proces geëindigt is, waar by hy door het
Regt of de Regeering word *Vry* verklaard,
hem zijn Senténtie daar van ter hand gefteld, word hy koft en fchadeloos ontflaa-
gen, en gaat dan fijns weegs.

Maar indien den *Vryheid-eifcher* overtuigd
word, dat hy met opzet een moord of andere fchandelijke, of doods-waardige zaaken
begaan heeft; dan word hy niet befchermd,

gelijk

gelijk in de Kloosters van *Spanjen* geschied,
(dat regte schuilhoeken voor Moorders,
Schelmen, en Dieven zijn) maar deezen
word dan daar neevens in een andere Kaamer gebragt, daar hem niets mag gebragt
worden, nog eeten, nog drinken, hier
heeit hy keur, om van honger en dorst te
sterven, of hem zelf om te brengen, genie-
tende door deeze *Vry-kaamer* alleen, dat hy
niet door Beuls handen sterft, en dan nog
eerlijk begraaven word.

Wy weeder afklimmiende, en beneeden
koomende, was ik byzonder wel voldaan
over de goedheid van den *Garbon*, dat hy
my alles had laaten zien, en onderregt,
deeze zeer treffelijke Piramide aangaande; ik
bedankte hem met een goed herte, beloovende weederom met eenen, dat wanneer ik
mijn goed uit ons Schip konde bekoomen,
ik zijne goedheid eenigzins zoude tragten
te vergelden, zoo met Kaarten als Boeken,
die ik zoude konnen missen, waar voor hy
my bedankte.

Ik beklaagde my egter dat ik zoo ongе-
lukkig was, dat ik alle de Beelden die ik in
de Piramide gezien had niet zoude konnen
onthouden; hy my met een duister gezigt
aanziende, sprak als half verstoord, ik heb
u meer als eens gezegt, dat ik u alles schrif-
te-

telijk zal overgeeven, dat gy dan te Scheep
zijnde, met plaizier kond affchrijven, en
dat in zulk een order brengen als het u zal
believen; met riep hy een Man die onder in
de Piramide woonden, hem aanfpreekende;
dat ik niet verftaan kon; den Man ging binnen, voort weerom koomende met een papier, dat hy den *Garbon* met een diepe reve-
rentie over gaf.

Den *Garbon* my dat overhandigende, zeide, daar is de befchrijvinge van de Kaamers en
Beelden der Piramide die gy gezien hebt,
in goed Spaans, gaat en fchrijft dat af, ver-
verit u gedagten daar meede, ik zal u ook
een Kaarte van ons Land, ter hand ftellen,
gy weet dat eene van mijne Klerken voor u
doende is om in 't Spaans te vertaalen de befchrijvinge van dit ons Land met alles wat
daar aan vaft is, of toe-behoord; dit heb ik
u meer als eens gezegt, gy moet daar vergenoegd meede zijn.

Ik bedankten hem andermaal, met een
diepe eerbewijzing, en vraagden nog met
eerbiedigheid, wat de *Eeren-Poorten* beduiden die op de Markt ftonden?

Hy antwoorde, dat zal ik u zeggen; en
met my daar naa toe gaande, zag ik dat deeze *Eeren-Poorte* uit drie boogen beftond, en
van booven met een fteenen gewelf bedekt,

dat

dat op vier Pilaaren ruftede, van een wonderlijke order) De eerfte Poorte was van
geele en glanzige *Sonnen*, met Dieren, en
Fruiten doormengd.

De tweede Poorte was van witte *Maanen*,
zoo heele, halve, vierendeels, als nieuwe,
met veele kruiden, en groente doorwrogt,
op de groente laagen veele witte droppen
als dauw.

De derde Poorte was gemaakt, van veele
geele en witte Sterren, de geele vertoonden
Sonnen en de witte *Maanen*, doormengd
met veele Figuuren uit de *Mathefis*, als ronden, veele en verfcheiden zoorten van vier-
kanten; driekanten, &c.

Ik dit alles zeer naukeurig beziende, en
dorft egter niet vraagen. Den *Garbon* die
mijn gezigt, en doeningen geduurig gaade
floeg, vraagde wat my daar van dagte? Ik
antwoorde, dat naa mijne meeninge deeze
boogen zeer konftig gewrogt, maar dat ik
de ftoffe waar van die gemaakt waaren al zoo
weinig kenden, als de beteekeninge van de
Figuuren; ik ftaa verbaaft van zulke fraje
dingen te zien.

Den *Garbon* zeide met een lacchend weezen, deeze *Eeren-Poort* is geboud voor nee-
gentien-duizend, en agt-en-dertig jaaren,
en verftrekt ons hier tot een tijdpunt (Epocha)

cha) duizend Jaaren naa dat de Weereld gefchaapen is, en naa deeze tijdpunt reekenen wy onze Koningen die wy nu neegen-
tien-duizend en agt-en-dertig Jaaren konnen
berekenen, aan dit tijdpunt mag niet anders
gerekend worden als de regeeringe onzer
Koningen; wy zijn wel zoo oud als *China*;
ziet deeze ftoffe nu met aandagt, het is geen
metaal, geen fteen, of glas, maar een nu
onbekende zaak; onder de geleerden word
hier nog getwift, of het gegooten dan of
't gehouwen is, deeze konft fchijnd verlooren te zijn, wat denkt gy daar van.?

Ik zeide half beteuterd, mijn Heer, als
ik het zeggen dorft, zonder u te vertoor-
nen, dan had ik daar veele teegen. Spreekt
zonder fchroom zeide hy, wat u belietd.

Hoort dan toe, mijn Heer, in *Europa*
word onder de geleerden vaft gefteld, dat
naa de Scheppinge der Weereld vier-dui-
zend Jaaren CHRISTUS gebooren is, en
deeze geboorte, is de tijdpunt in *Europa*,
en teldmen van de geboorte CHRISTI
nu 1702. deeze met de voorige 4000. jaaren opgeteld, is te zaamen 5702. als wanneer de Weereld van God gefchaapen is,
hoe kan dan deeze *Eeren-Poorte* zoo oud
zijn?

Ten anderen, kan ik niet denken, dat
een

en werk door Menſchen handen gemaakt,
19000. jaaren, en langer, de lugt zoude
konnen verduuren.

Den *Garbon* antwoorde, op het eerſte diend,
dat *Europa* haare konſten, weetenſchappen,
wetten, en Godsdienſten, meeſt uit *Aſia*
ontfangen, of overgenoomen heeft, dat
door de langheid des tijds, deeze zaaken
veele veranderingen geleeden hebben. Zegt
my waarom zouden wy *Aſianen* zoo wel
niet konnen reekenen als die van *Europa?*
te meer dewijle wy ook alhier hebben, leezen, en onderzoeken alle *Joodſe*, *Chriſtenſe*,
Turkze, en veel'erleie Heidenze Wet-boe-
ken. Onder veele deftige Schrijvers van
Europa, munt in veele een zeer geleerd
Man uit, welke dus ſpreekt.

Onder alle Tijd-reekenaars die niet over-
een en koomen over het jaar der Scheppinge,
waar in den MESSIAS *gebooren is, kan men*
aanmerken dat'er onder die alle niemand is die
meerder reekend als 7000., en geen die minder
als 3300. jaaren.

Dit verſchil van de oudheid der Weereld
is 3300. jaaren, welke de eene meerder
als de andere reekend. Mag in *Europa* de
eene van de andere verſchillen 3300. jaaren,
waarom zouden wy volgens onze Boeken
daar geen 14336. jaaren moogen by doen?

Q   wat

wat hebben de *Chinefen* meerder regt als wy?
onze Hiftorien zijn zoo geloofwaardig als die
van *China*

Ziet eens wat u *Europifche* Schrijvers daar
van fchrijven, CHRISTUS zoude gebooren zijn naa de Scheppinge der Weereld,
volgens 't gevoelen

Van	S. *Hieronimus*	-	3941
	Origenes	-	4830
	Auguftinus	-	5353
	Alfonfus Koning van Spanjen		6984

Deefe eerfte en laatften verfchillen 3043.
jaaren. Maar *Vallemont* fteld 4000. jaaren
daar bygedaan 1702. zoo gy nu reekend;
dan heeft de Wereld nu geftaan naa de reekening van *Europa* 5702. jaaren, en naa onfe reekening 20038. jaaren; dog gy behoeft
dat niet te gelooven: hier is dat Waarheid;
maar in *Europa* niet: Eyen gelijk als u Mif-
fe, Vagevuur &c. in *Spanjen* waarheid is,
dat is hier geen waarheid.

Wat het duuren aangaat, het *Pantheon*
tot Romen, of nu *S. Maria Rotunda*, hoe
lange heeft dat geftaan? en kan nog lange
ftaan. Waarom kan 'er geen fubftantie zijn
die twintigmaal beftendiger is? In dien tijd
was de heerlijke *Sonne* onfen Koning.

Hy fweeg, ik was bang hem te vertoor-
nen,

nen, en zag naa een andere *Eeren-Poort*;
hyzeide, kom laat ons de drie andere *Ee-*
ren-Poorten ook nu voort bezien.

Wy traaden daar naa toe, dit was een
aardig Gebouw, beftaande ook uit drie
Boogen, uit een fwarte, glanfige en zeer
herde fteen gemaakt : de eerfte was van
grouwelijke Draken konftig door een ge-
flingerd, doormengd met veele opene Boeken. De tweede was als van Klippen, waar
boven op een *Chinees* fchrijvende in een boek,
zat : by hem ftonden verfcheide geeftelijke, als naa hem hoorende. De derde Poort
was weeder een vertooninge van Draaken,
met Boeken doormengd.

Den *Garbon* my aanziende, zeide, deefe
Eeren-Poort is geboud voor 2250. jaaren,
ter eeren van den goeden Philofooph *Kra-*
kabas, deefen was een lieveling en Difcipel
van den grooten Wijfgeer *Confucius* in *Chi-*
na. Deefe goede Man gaf en maakte ons
goede Wetten, en verbeetérde de oude :
doen ter tijd was hier nog geen Vreemdeling gezien, hy was de eerfte.

Ik vraagden, hoe is deefen dan hier gekomen? Den *Garbon* zeide, dit zult gy nog
minder gelooven als van de eerfte poort.

Krakabas was zeer geleerd, en de befte
Difcipel van *Confucius*. Hy in *China* buiten

Nanking in een bosch wandelende, kwam
door last van de *Son*, den Engel *Baloka* by
hem, hem zeggende, dat hy aanstonts naa
Krinke Kesmes moest; hy was verbaast, en
zeide dat land niet te weeten; maar *Baloka*
nam hem op, voerde hem door de lugt,
(daar hy ook wonderlijke zaaken zag) en
zetten hem needer digt by de Hooft-Stad
Kesmes.

Hy ter Poorten intreedende, was elk verwonderd; want sijn kleeding was onbekend,
en niemand konde hem verstaan : men bragt
hem voor den Koning, die hem naa een andere kaamer liet brengen, alwaar hem eeten
en drinken voorgezet wierd, daar by geval
papier, pen, en inkt stond, hier begon hy
voort te schrijven, en meer papier &c. ei-
schende, wierd hem dat ter hand gesteld;
hy begon voort een Woorde-boek te schryven : vragende wat dit of dat voor een naam
had, dat hy opschreef, daar sijn *Chinees* teegen zettende, leerden hy in korten tijd onse taal ; hy wierd bemind van den Koning
en alle menschen om sijn deugd. Hy verbeeterde veele oude, en maakte veele nieuwe Wetten, die alle door den Koning en
sijnen Raad wierden bevestigd.

Dit diend nu tot een *Tijd-punt* in alle
Regt-zaaken, Obligatien, Verkoopingen
en

en andere handelingen, daar naa worden alle Sententien en Decreten gedagteekend, ook als een Contract geteekend word, zoo ik nog gilteren gedaan heb, teekende ik daar onder, *het jaar van Krakabas* 2250. de 6ᵗⁿᵉ dag van de 8ᵗᵉ maand.

Ik grimlagte, hy merkte dat, en begon ook te lacchen: fpreekt vry op zei den *Garbon*, want ik weet dat gy dat niet gelooven wilt.

Ik antwoorden, ik wilde wel gelooven, maar ik kan niet.

Hoort de *Pofos* zeide hy, waarom wilt gy niet gelooven, dat hier alle eerlijke en geleerde Luiden gelooven, wat fchort daar aan? zegt het vryelijk op. Ik ben verwonderd, zeide ik, en kan niet begrijpen, dat den Engel *Baloka* uit de *Sonne* zouw koomen in *China*, en neemen *Krakabas* daar op, hem dan door de lugt voerende tot hier by *Kesmes*. Og mijn lieve Man! zeide hy, is 't anders niet? ey hoord! dit is hier waar, maar in 't *Mark Ancona* in *Italien* niet, daar is weeder waar, dat de Engelen het Huisje van *Lorétto* op hunne fchouderen naamen, in het Heilige-land, en droegen dat door de Lugt, tot in *Mark d' Ancona* by het Steedeken *S. Maria Lauretana*, dat is hier ook niet waar.

Kom

Komt laat ons nu naa de derde gaan, welke ter eeren van den vroomen Koning *Cham Hazi*, en den wijſen Wijſgeer *Sarabaſa* opgeregt is. Hier komende, zag ik vier boogen als in 't kruis teegen malkander over ſtaande; boven op die aan de Ooſt-kant zat den Koning *Cham Hazi* in ſijn Koninglijk gewaad, met ſijn Kroon en Sçepter verçierd, de Pijlaars en Boog waren met kindertjes en overvloedhoorns bezaaid, alle van roode herde ſteen.

Over deeſe teegen 't Weſten ſtond een witte Boog, met alle geeſtelijke çieragie verçierd, op deeſe zat den Wijſgeer *Sarabaſa*, houdende een Boek in ſijn eene hand, wijſende met de voorſte vinger van ſijn andere hand op ſijn herte.

De derde Boog teegen 't Zuiden, was gantſch blaauw, op deeſe ſtond de *Sonne*, zonder eenige verçierſels, als tuſſchen Wolken drijvende. De Boog teegen 't Noorden was groen, met pennen en boeken konſtig verçierd, boven op ſtond den Engel *Baloka*.

Tuſſchen deeſe vier Boogen wierden alle regten uitgeſprooken, het Geeſtelijke raakende; zy is ook een *Tijd-punt* voor alle geeſtelijke Actens, en is geboud voor 670. jaaren, ter eeren van *Cham Hazi* en *Sarabaſa*.

Van

Van hier naa de vierde gaande, zag ik dat die in drie boogen beſtond alle van konſtige Beelden, Feſtoenen, Overvoed-hoorns, Bloemen, &c.

Den *Garbon* zeide nu kan ik niet langer wagten, ik moet gaan, ik zal u van deeze *Eeren-Poort* een beſchrijving ter hand ſtellen, met groeten hy my en vertrok; en ik naa ons Logement, daar ik voort begon te ſchrijven wat ik gezien had. Naa het nuttigen van ons Avond-maal, rookten wy te zaamen, en nog wat gepraat hebbende, ging ik zeer vergenoegd naa bed, God dankende dat ik zoo veele fraaje dingen gezien, en braave Schriften van den *Garbon* gekreegen had, en my nog meerder beloofd was.

Q 4   AGTST'

AGTSTE HOOFDSTUK.

Den Schryver krijgd order om met den Garbon
naar 't Schip te keeren ; alwaar koomende
het zelve met genoegen beschouwd. Tenten
aan Strand. Ruiters langs 't Strand. Ry-
den naar eenige Dorpen, en een Stadt. Den
Schryver bekomt een Kaart van Krin-
ke Kesmes , dog kanze niet verstaan. De
Garbon en den Kapiteyn geeven malkander
geschenken. Knepko wat het is ; is de Me-
biken aan de Rivier Berbice. Wijn naa den
Koning gezonden : wat Koopmanschap aan
Strand gebragt werden. Den Handel begint,
Moeilijkheid van den Garbon. Groote win-
sten. Besluit om weer naa Panama te zey-
len. Den Schryver werd met een Register
van sijne Brieven van 't Zuidland, hem door
den Garbon ter hand besteld , begiftigd.
Vertrek en komst in 't Vaderland.

DEn volgenden morgen kwam den
Garbon zeer vroeg tot ons, met een
bly gelaat in de Kaamer treeden.
Hoe Spanjerts ! slaapt gy nog alle? ik koome u goede tijding brengen, zei den Man.
Wy zweegen. Hy sprak vorder. Hier
is

is zoo eeven tijding van het Hof, en van u Schip gekoomen ; het Hof heeft verftaan, dat u Schip een vryen Handel van veertien daagen zal hebben, en zal naa drie daagen beginnen, op 't ftrand aan de haaven.

Ik zal u te zaamen weeder te Scheep geleiden, naa den eeten moeten wy vertrekken, ik gaa alles tot de reis beftellen.

Alle ons Volk was verblijd, maar ik bedroefd. Den *Garbon* vroeg wat my fchorte. Het antwoord was, dat ik zoo haaft vertrekken moet, zonder meer gezien te hebben, ik had gehoopt zoo lange te blijven, dat ik ook nog een andere Stad zou gezien hebben. Ik zal u ftraks, als ik u Lieden koome haalen veele papieren meede brengen, zoo u beloofd heb. Hier word order gefteld om alle daagen tijding van u Schip te hebben, en daagelijks zullen daar Menfchen naa toe gaan, met die zult gy nog alle daagen papieren ontfangen, dit heb ik mijn Klerk al gebooden.

Weeft geruft : en maakt u gereed om te vertrekken, ten twee uuren zal daar toe alles gereed zijn, en ik u dan koomen haalen.

Wy hadden ten twaalf uuren al gegeeten, en geen pakkagie hebbende als mijne papieren, waaren wy klaar en tot reizen waardig.

Q 5   Ten

Ten twee uuren kwam den *Garbon* ons haalen, leidende ons dezelve Poorte uit die wy ingekoomen waaren, en flaande de flinkerhand om, trokken wy Ooft aan; naa wat gegaan te hebben, vonden wy twee Waagens met een Karre. Den *Garbon* en ik traaden op de voorfte, mijn zes maats op de tweede Waagen: op de Karre waren leevens-middelen, een Tent, en Bagagie van den *Garbon*.

Onder het voort-rijden, zeide my den *Garbon* dat hy een dooze met papieren voor my had, en dat meer zouden volgen, zoo van het Koningrijk; Land, Inwoonders, Dieren, Beelden, Fonteinen &c., dat my zeer verblijden. Wy kwaamen naa eenige uuren in een Dorp van veertig of vijftig Huizen, dat zeer vermaakelijk was, van het eene Huis tot het ander was een Valleije van Vrugtboomen, een fraje Revier ftroomde door het midden, een vierendeel van een uur gaans was een fchoon Bofch.

Hier ververften wy ons twee uuren, den *Garbon* liet my de papieren zien; ik zag onder veele goede Spreuken, en Beelden reedelijk geteekend, ook een afteekening van den Gouverneur van *Taloujaël*, befchrijving der Badftooven &c. ook de befchrijving van 'het Hooofd-eiland *Poele Krinke Kesmes*,

van de Dieren, Voogels, Viſſchen, en In-
ſecta, neevens de beſchrijving van eenige
daar by leggende Eilanden &c. waar over
ik my uitneemend verblijde, en hem met al
mijn hert bedankte.

Teegen den aavond een uur naa Sonnen-
ondergank, kwaamen wy weederom aan een
Dorp, dat ook zeer vermaakelijk was; hier
wierden wy alle wel onthaald, en ſliepen
tot twee uuren, wy reisden voort tot des
morgens ten agt uuren, kwaamen in een klein
Boſch, hier liet den *Garbon* ſijn Tente op-
ſlaan, en ruſten wy twee uuren, waar naa
wy voort reiſden tot twee uuren naa de middag, vonden aldaar een groot Huis by een
Brug, die over een Revier lag, hier ruſte-
den wy weeder twee uuren, en ververſten
ons wel. Weeder voort trekkende kwaamen wy te tien uuren in een Dorp, daar
ik om de donkerheid niet van zeggen kan:
naa wy ons ververſt hadden, gingen wy
ſlaapen tot dat alles ten agt uuren klaar was,
en wy ons op reis begaaven. Wy trokken
altijd zeer langzaam voort, en kwaamen ontrent ten twee uuren by ons Schip, dat my
en mijn Volk, neevens al ons Scheeps-volk
zeer verheugden.

De Boot en Sloep was doende met Viſſen,
zoo haaſt een goede zoode gevangen, en
het

het net te Lande was, voeren wy met den
Garbon aan boord, alwaar door den Kapitein
en andere Officieren zeer beleefd ontfangen
wierden : naa weederzijdze groetingen dat
op zijn Spaans met groote Graviteit gefchieden, traaden wy in de Kajuit ; naa veele
Difcoerffen heen en weeder, wierd de Vis
opgedift : wel gegeeten, en een glas wijn
gedronken hebbende, bezag den *Garbon* het
Schip, met zeer groote verwondering, noit
had hy zulk een Schip gezien ; want in
440 jaaren was aan *Poele Krinke Kesmes* geen
Schip geftrand, maar by zijn leeven was'er
een geftrand op *Poele Wonvure*, dat hy niet
gezien had.

Canon, Roers, Deegens en Boffekruïd
kenden hy, en wift daar meede om te gaan,
maar het Schip en Scheeps-gereedfchap kenden hy niet, dog hy vraagden naa alles.

Naa alles wel bezien te hebben, voeren
wy, te weeten den *Garbon*, Kapitein, en ik,
weer aan Land, daar den *Garbon* zijn Karre
al ontlaaden, en fijn Tente reeds opgeflaa-
gen was, waar in hy ons weederom wel ont-
haalden.

Op 't ftrand telden wy al drie-en-dertig
Tenten, die uit het Land gekoomen waaren, zommige om te zien, alzoo dit noit
was voorgevallen, andere om te Negotie-
ren :

ren: deeze Tenten vermeerderden dagelijks
in getal.

Den *Garbon* verzogt my, dat ik zoo
lang den Handel duurde, by hem in sijn
Tent wilde vernagten, dat ik met bewilli-
gen van mijn Kapitein toestond; waar op
straks mijn Kooy, en Scheeps-kist aan Land
deed koomen, en in sijn Tent brengen, dat
hem byzonder behaagde, en waar voor hy
my bedankte.

Den *Garbon* was een Man van verstand
en fatzoen, hy is in *Taloujaël* zoo ik gezegt
heb Architek en Opziender van alle pu-
blike Gebouwen, als Fortressen, Toorens,
Paleizen, Bad-stooven, Fonteinen, Bruggen, Revieren &c. En hier was hy Kom-
mandeerend Opper-hoofd van de Zuid-lan-
ders, aan 't strand toe gevloeid; hy was zeer
Eedelmoedig van inborst, goedaardig, vroolijk van ommegang, niet gierig, maar
scherp toeziende wat 'er omging.

Hy had order gesteld dat alle daagen twee
posten aankwaamen van *Kesmes* en *Taloujaël*; met een woord, hy had het van te vooren zoo beschikt, dat alles in een geregelde
order konde en moest toegaan.

Hy, den Kapitein en ik, ons wat gedi-
verteerd hebbende, voer den Kapitein weeder naa boord, om op alles goede order te
stellen.   Ik

Ik en hy wat wandelende, zeide hy, de *Pofos*, kom laat ons in mijn Tent gaan, en neemt mijne gefchreeven fchriften nu over, en fluit die in u Kift, alle daagen zult gy meerder krijgen.

Wy door de Tenten gaande, zag ik dat den *Garbon* van elk met zulk een diep re-fpect wierde gegroet als een Generaal in fijn Leeger, of een Borgermeefter in een Stad.

Wy in de Tent treedende, wierd de *A-kalou* voort op gezet, onder het flurpen liet hy de doos met papieren brengen, wel-ke uit fijn hand ontfangende, gaf hy my die over; zeggende, daar mijn Vriend ont-fang dit uit mijn hand, noit heeft eenig Menfch buiten ons Land dit geweeten, ge-hoord, of gezien, neemd dit als een ge-fchenk van Vriendfchap, gebruikt dit tot u dienft en plaizier, eer gy vertrekt zal ik u meer doen hebben.

Ik nam de doos aan, bedankten hem met een goed Herte, was by uitneemendheid blijde, en zetten de doos op mijn Kift.

De *Akalou* genuttigd hebbende, bedagt ik my wat, en opftaande zeide ik tot den *Garbon*, mijn Heer, kan ik u plaizier aandoen dat ik het goed uit mijn Kift welke ik tot vermaak, en nuttigheid heb meede genoomen,

men, uit haale? Ik ben nieufgierig dat te zien, zeide hy.

Ik mijn kift opfluitende, lag boven op een Wereld-kaarte, rond uit gefneeden, aan de eene zijde *Europa*, *Afia*, *Africa*, en 't *Zuidland*, aan de andere zijde *America* &c. op een rond bordpapier geplakt, dit tuffchen een houten lang rond gedraaid handvatfel beklemd, dat onder lang was, had het fatzoen van een ronde waijer; dit was my van mijn Vriend den Meefter vereerd, hy had die zelf afgezet, by elken parallel de lengte uit *Gietermakers* Stuurmanfchap aangeteekend, en de paffaten naa *Dampier* daar in gefteld. Dit behaagden hem zeer wel, hy nam die in fijn hand, en naa dat ik hem die geëxpliceerd had, zugten hy.

Ik dit merkende zeide tot hem, Heer *Garbon*, niet alleen dit, maar ik heb zeer veel tot u dienft, al wat ik eenigfints miffen kan ben ik u fchuldig : gy hebt my niet alleen verpligt met u goed onthaal, en zorg voor my te draagen tot *Taloujaël*, maar gy hebt my de befchrijving van u Land cum annexis gegeeven, en nog meer beloofd; dat my zoo aangenaam is, dat ik niet en weet wat vergelding ik u doen zal.

Neemt deefe Kaart dus geplakt in dank, neevens deefe mijne loffe, die nog feeven-

en-

en-twintig waaren ; ik rolden die in een,
en hem dezelve overgeevende, beliefden hy
die niet te ontfangen , zeggende u beleeftheid is te groot ; want dat ik u tot *Taloujaël* gedaan heb, was mijn pligt, en buiten
mijn fchaade gefchied, en wat de papieren
belangd welke ik u gegeeven heb, die kolten
my ook niet, alzoo mijne Klerken weegens
den Koning betaald worden.

Waar op ik antwoorde , Heer *Garbon*,
neemt deele Kaarten dog in-dank , ik heb
die van mijn Vriend ook zoodaanig ontfangen : ik heb nog een Atlas van hem , daar
ook zoodanige Kaarten in zijn.

Op dit mijn zeggen nam hy die Kaarten
aan, met een my zeer vriendelijk daar voor
bedankende ; hy wierd zeer vrolijk en verblijd, my omhelfende , zeide dat te zullen-
vergelden, met zoodaanige Befchrijvingen
van dit zijn Vaderland , als nog nooit van
Europers zijn bekend geweeft. Ik bedankten hem , met te zeggen dat hy my daar
meede zeer verpligten zoude.

Mijn goed weeder in de Kift gedaan hebbende , deeden een tweede wandeling door
de Tenten, welke geduurig vermeerderden,
en kwam order aan den *Garbon*, den handel
nog drie daagen uit te ftellen.

Deefe order wierd gebragt door vier-en-
vijftig

vijftig Ruiters, zijnde alle wel opgezeeten, gemonteert met een lançe, zaabel, en lang- roer, daar zy zeer wel meede konden om- megaan; deefe waaren gezonden om alle difordres te beletten, haare Bagagie wierde ook op vier-en-vijftig Paarden haar naa ge- draagen.

Over deeze Ruiters gebood den *Garbon* als Opper-hoofd, zoo wel als over al het Volk dat hier was, en koomen zoude.

Den *Garbon* zeide, morgen zullen wy wat Land-waard in rijden, en zien wat daar te doen is, ik ben hier zelfs onbekend, alzoo hier nooit geweeft ben; dat ik toe- ftond.

Des morgens gaf hy order, om het Land vier uuren gaans door te kruiffen; dit ge- fchiede, en kwam tijding dat een goed Dorp drie uuren regt Weft van ons, en nog een Dorp vier uuren Zuid-weft van ons was, daar wy met tien Ruiters naa den eeten naa toe reeden.

Een uur van 't ftrand ontmoeten wy een groote Poel, daar ik wonderlijke Schepzels in zag, die ik niet en kende; hier waaren ook zeer veele Vliegen: voort rijdende, kwaa- men wy in het Dorp, dat uit een-en-dartig Huizen beftond, en hieten *Gat*; hier gaf den *Garbon* order om leevensmiddelen naa 't ftrand te brengen, en verstond dat de Stad *Raima* daar anderhalf uur van daan was, daar wy voort naa toe reeden, neemende twee Boeren meede tot wegwijsers.

Binnen *Raima* komende, wierden daar wel ontfangen, men gaf ons *Akalon*, en des avonds wierden wy deftig getracteert, ik moest by den *Garbon* flaapen. Des morgens ftonden wy vroeg op, en bezaagen de Stad, welke niet zeer aanmerkelijk was, want zy béftond uit 600. Huifen, drie Poorten, vijf Toorens, tien Tempels, twee Bad-ftoven, en dan nog het Stadt-huis. Hier waaren zeer weinig Beelden, maar fraije Fonteinen en Hoven.

Den *Garbon* ftelden order om van daar ook leevensmiddelen naa 't ftrand te zenden.

Van *Raima* reeden wy naa het Dorp *Poca*, daar wel honderd en vijftig Huifen ftonden. Hier wierden wy zeer wel en beleefd onthaald.

Naa dat den *Garbon* hier ook de nodige orders gefteld had, bezaagen wy het Dorp, wanneer by geval ons een eerlijk oud Man ontmoeten. Den *Garbon* hem ziende, trad van fijn Paard, zy omhelsden malkander met een zonderlinge vriendfchap, en hadden 't zeer drok, dog ik kon haar niet verftaan; den *Garbon* deed my ook aftreeden,

en

en wy gingen te voet naa fijn huis : in het huis komende, was de *Akalou* voort klaar; onder 't flurpen vraagde de *Garbon*, of hy niet een Kaarte van *Poele Krinke Kesmes* voor hem te leen had, alzoo hy geene van *Ta-loujaël* had meede gebragt. O jaa! zeide den Ouden, en opftaande, haalden twee van fijn kaamer, die hy den *Garbon* vereer-de, welke hem bedankte.

Naa het Volk en Paarden gegeeten had-den, naamen wy ons afscheid, en kwamen des avonds weeder aan ftrand.

Den *Garbon* verhaalde my onder 't ryden, dat deefen Ouden fijn zeer goeden Vriend was; dat zy te zaamen geftudeerd hadden op *Poele Nemnan*, ook dat fijn Zoon by hem gewoond had.

By onfe Tent komende, was ons Schip een kanon-fchoot ver van Land gaan leg-gen; ik zag onfe Sloep op de dregge met vier Man daar in leggen. Ik riep onfe Quar-tiermeefter die aan Land was, en vraagde wat zulks beduide, of 'er twift geweeft was? Hy antwoorde neen, maar den Kapitein had het zoo verftaan.

Ik vroeg wat hy aan Land maakte? hy zeide laft te hebben om te wagten tot ik weeder kwam, en dan met den *Garbon* naa Boord te koomen eeten, alzoo zy

een

een brave zoode Vis gevangen hadden.

Ik den *Garbon* verzoekende, zeide ftraks meede te zullen vaaren, 'ik zegelde mijn doos met papieren toe, gaf die aan de Quartiermeefter om meede naa Boord te neemen.

Den *Garbon* wandelde ondertuffchen met den Ritmeefter der Ruiters, en ftelden ordre wat te doen ftond; ondertuffchen bezag ik de lang gewenfchte Kaarten van *Poele Krinke Kesmes*, dog wierde rood van fpijt, alzoo nog Stad, nog Dorp konde kennen, en fcheen my niet anders toe, als een vierkant papier dat vol Toover-characters ftond.

Den *Garbon* weerom koomende, zag my de Kaarte in de hand hebben, vraagden al lacchende, wel de *Pofos*, wat dunkt u van de Kaarte? ik antwoorde, ik en een jong Kind zijn daar eeven wijs in. Dat is waar zeide den *Garbon*, ik laat u een teekenen, en de naamen met Spaanfe letteren fchrijven, neemt deeze eene, alhoewel gy die niet verftaan kond, om dat zy u zoo vreemd fchijnd : hy die oprollende gaf my die, waar voor ik hem bedankte.

Wy voeren te zaamen naa boord, de Ritmeefter der Ruiters meede neemende, die by uitneemendheid over ons Schip verwonderd was, te meer, als hy verftond dat wy daar de geheele Wereld meede konden rondom vaaren,   Den

Den *Garbon* en hy het Schip gaande bezien, vroeg ik den Kapitein de reeden waarom zoo verre was van Strand gaan leggen?
hy zeide een goed Zee-man moet niet ligt
geloovigaan vreemde Natien, maar altijd
op sijn hoede zijn, op dat hy, nog sijn Volk
niet vermast worden.

Ik zweeg, alzoo den *Garbon* weeder naa
ons toe kwam : wy traaden van 't halve Dek,
naa de Kajuit, daar wy ons met een pijp
ververstem, terwijl de Vis gekookt, en op-
gedist wierd. Wy aaten met smaak en
plaizier; naa de maaltijd nog een glaasje gedronken hebbende, voeren wy naa Land, in
de Tent komende rookten nog eens, en gingen doen te Kooy. Deezen nagt plaagden
my de muggen by uitneemendheid, zoo dat
ik weinig konde slaapen.

Met den dag stond ik op, en wandelden
wat : nu zag ik Ossen, of Koeijen, Schaapen met verscheiden zoorten van andere
Dieren aankoomen drijven, om tot spijze
te verkoopen; straks wierden verscheide
groote Tenten opgeslaagen en eenige van deeze Beesten geslagt, dezelve wierden by stukken verkogt zoo raauw als gebraaden.

Den *Garbon* zond twee Koeijen met vier
Schaapen aan boord, tot een vereering, waar
voor den Kapitein aan den *Garbon* weeder-

om zond een baril , Malgomfe wijn, zoo
veele Sek, een potijs Oly, met een Verrekijker, welke den *Garbon* welbehaagden.

Hier wierden nu ook te koop gebragt al-
lerleie Fruiten en Groente, en kookten en
fmookten elk naa zijn welgevallen, zoo 't
hem lufte. Wy aaten dan eens in 't Schip,
dan weer in de Tente, zoo het ons te pas
kwam. Eens te Scheep eetende, zag den
Garbon wat Wijn-tint in een glaasje ftaan,
hy vraagden wat dat was? het wierd hem
gezegt, hy proefden een fris glaasje, dat
hem wel aanftond, ftraks wierd hy van den
Kapitein met een gevuld klein Vaatje daar
van, befchonken, dat hy dankbaar aannam.

Den Kapitein verzogt dat eenige Kooplieden van Land fijne Koopmanfchap mogten koomen zien, en dat wy haare ook mogten befchouwen. Dit is buiten mijne magt
zeide den *Garbon*, het woord des Konings
gaat vaft, ik, nog niemand kan daar teegen
doen, maar ik zal u een regtveerdig Regter zijn zoo 'er twift ontftaat.

Zet al wat gy verkoopen wilt op een papier, ik zal 't doen vertaalen, en aan mijne
en aan alle groote Tenten doen aanplakken,
ten einde het alle Kooplieden konnen zien
en leezen. Dat gefchiede.

Eens in de Tente zijnde, ving ik een
mug-

mugge, die voor een vergroot-glas brengende, liet ik dat den *Garbon* zien, deezen was
zeer verwonderd, als hebbende zijn leeven
zulks nooit gezien, wy ftelden daar verfcheiden Lighaamen voor, dat hem zeer behaagde en vroolijk maakte.

Ik dit ziende, bood hem dit *Microfcopi-
um* met fijn Stoeltjen aan, dat hy eerft weigerde, dog eindelijk aannam. Hy beloofde
dit te vergelden met al wat in zijn magt
was. Mijn Vriend zeide hy, nu zal ik
miffchien ontdekken door dit glas, wat de
Knepko is. Ik dit niet verftaande, vraagde
wat het was. Hy antwoorde, het is ftof,
dit op ons vel vallende, word een hert ge-
zwel, als een van u Erten, dit word uitge-
noomen, en wanneer het niet wel geneezen wort, dan baard'et een wonderbaarlijke ziekte, welke zomwijl befmettelijk is.

Met kwam de Quartiermeefter uit naame
des Kapiteins ons aan boord verzoeken, wy
traaden vliegens in de Sloep, onder 't roei-
jen dagt ik geduurig op de *Knepko*; my fchoot
in dat ik iets diergelijk geleezen had, dog
wifte niet waar.

Aan boord komende, ging ik voort na mijn
Boek kas, dit was een eiken kiltje van twee en
een half voet breed, een en drie vierendeel
voet diep, en ruim twee voet hoog. Ik mijn

R 4

Ca

Cataloge naaziende, vond de Reize van *Adriaan van Berkel na Rio de Berbice*, my fchoot terftond in, dat dit de Man was, ik zag hem naa, en vond Fol: 88. het volgende.

De *Mebiki*, in Neerduits ziekte, is een zoort van ftof, of iets anders, zoo groot als de punt van een fpeld, dit zet zig ergens op het vlees, en groeid voort tot de groote van een gemeene Erte, zy zijn bleek, en hard van fchil, welke gebrooken zijnde, vertoond zig van binnen een dik goed, dat als het geknipt word, eeven eens knapt als luizen.

De gaaten daar deeze *Mebiki* uitgehaald worden die ftoptmen met affe van Tabak, en indien zy daar niet meede geneezen, loopt men gevaar dat het pok-gaaten zullen worden, waar uit dan naa verloop van tijd de pokken te voorfchijn koomen. Dit gebeurd hier dikwils, zonder datmen de moeite behoefd te neemen van haar by Vrou-volk te gaan haalen. Dus verre van *Berkel*.

Dit las ik den *Garbon* in Spaans voor, die zeide dat het zelve de *Knopko* was. Dit paffeerden onder 't rooken van een pijpje.

Wy gegeeten hebbende, las ik den *Garbon* mijn Catalogus voor, waar op hy zeide mijn Heer, naa ik u kenne hebt gy geen flegte Boeken, ik wenfche u met de zelve veel plaizier, met nuttig tijdverdrijf, en dat

gy

gy daar wijsheid uithaalen moogd. Hy zag
my aan en grimlagte.

Ik hem weederom aanziende, zeide Heer
Garbon, aan Land zijt gy mijn Meefter,
daar kond gy my Commandeeren, maar hier
te Scheep ben ik Baas, en Commandeere u
met my te gaan naa mijn Boeke-kift in de
Konftaapels-kaamer, daar op hem met beleefdheid by de hand neemende, gingen wy
naa de Konftaapels-kaamer, den Kapitein
volgde, en een Kajuit-wagter met een Boutelje agter aan.

Wy beneeden koomende, en ik mijn
Kift ontfluitende, die van binnen met laaden was, trok ik de Spaanze laade op; hier
kreeg ik voort in de hand den *Spaanzen Gra-*
tian, zijn konft tot Wijsheid, neevens zijn
Criticon, of menfch buiten bedrog. De
werken van *Defcartes* in 't Spaans overgezet.
Seftien Boeken van *Euclides*, alle in 't Spaans
gedemonftreert. Deeze alle vereerde ik hem
met een goed Hert.

Al weigerende, dwong ik hem egter die
aan te neemen, waar voor hy hem verpligte,
my alle goede en Vriendelijke dienft te
doen, zoo veele in zijn magt was; hy was
by uitneementheid vergenoegd, en voldaan,
maat ik nog meer, om dat ik hem weder op
het nieu aan my verpligt had, ik nam met

R 5 verlof

verlof van den Kapitein de Kajuit-wagter
de Boutelje uit de hand, daar weinig in was,
en verzogt dat ik van mijn Wijn mogt doen
koomen, alzoo nog wel twee Oxhoofden
vol had, dog voor die moeſt ik vragt betaalen, als ook van 24 Kelders Franze Brandewijn. Den Kapitein my aanziende, begon al lacchende te zeggen, Koopman zou
het geen ſchande zijn, voor my en mijne
Reeders, dat ik zulk een Man als den Heer
Garbon door u zou laaten traƈteeren binnen
mijn Boord, wat dunkt u zelf? dit is waarlijk mijn beſte Wijn, ey laat ons Vrienden
blijven. Hoord de *Poſos*, ik wed met u om
15 ſtoop Wijn dat ik weet wat gy my doen
zult. Wy wedden, den *Garbon* zou rigter
zijn. Wagt zei den Kapitein, ſijn Pot-lood
krijgende, ſchreef hy iets op een Briefje, dat
toevouwende, gaf dat den *Garbon*, zeggende, mijn Heer geliefd dat te openen als
onzen Koopman gezegt heeft, wat hy doen
wil. Goed zeide ik, ik nodige u beide, met
eenige vrienden van u beide, neevens my aan
't Land te gaan, om u daar in de Tente van
mijn Heer den *Garbon* met mijn Wijn te
Traƈteeren.

Den *Garbon* daar op het briefje ontvou-
wende, las het overluid *onzen Koopman wil
ons met zijn Wijn aan Land traƈteeren.*

Wy

Wy lagten zoo hart, dat den Ritmeester ook by ons kwam om deel aan onze
vreugd te hebben.

Ik had al een kelder Brandewijn op onze reis geconfumeerd; deed die straks met
mijn Wijn vullen, en zond die neevens een
kelder Brandewijn naa Land.

Den *Garbon* en Ritmeester, den Kapitein
en ik, waaren wel in onfe fchik: maakten
ons vrolijk tot aan den avond, wanneer wy
na Land voeren; den Kapitein beloofde met
den dag by ons te zullen zijn, en te laaten
Viffen, dat den aankomenden morgen ook
naa kwam.

Mijn Kapitein zijnde een Spanjaard, was
ganfch geen dronkaard, den *Garbon* en ik
maakten daar ook weinig werk van, dog
als wy te zaamen waaren, en den Ritmeefter
by ons was, traaden wy altemet de paaden
van maatigheid wel eens over.

Den *Garbon* had nooit Franfe Brandewijn
gezien of geproefd, en deefe ziende en proevende, bekenden hy dat nooit zoo een drank
in fijn Vaderland gezien was. De Spaanfe
Wijn behaagden hem ook zoodaanig, dat
hy opftaande zeide, Heeren ik wil nu in
ernft tot u fpreeken, den Ritmeefter ver-
ftaat geen Spaans; gy-luiden zult hier aan
Land niet eene drop drank verkoopen, ik
heb

heb sterke flessen in u Schip gezien, van elke drank dien gy hebt zal ik eene naa den
Koning tot *Kesmes* zenden, en zoo den Koning daar smaak in heeft, zal hy u die duur-
der betaalen als deese Kooplieden. Wy zeiden geen Wijnkoopers te zijn, maar om
den Koning te behaagen zouden wy hem
verkoopen al wat eenigzins konden missen.
Daar op wierden terstond in een Mand met
hooy gepakt, een boutelje Franse Brandewijn, een Malgomse, een met Sek, en een
met Wijn-tint; deese aan twee lange staaken tusschen twee Paarden agter malkander
als twee Muil ezels, marcheerden te post;
den *Garbon* zeide binnen vier daagen tijding
te zullen hebben.

De Carga van onse Koopmanschap te land
aangeplakt zijnde, verzogt den Kapitein dat
hem ook de zoorten van koopmanschappen
welke daar te verhandelen waaren, in 't Spaans
vertolkt mogten ter hand gesteld worden;
't welk den *Garbon* beloofde, en opstaande,
schreef voort een briefje, dat hy aan een Or-
donnantie-Ruiter gaf; die daar meede van
Tent tot Tent rijdende, moest elk sijne
koopmanschap opschrijven; dat geschiede
en vertolkt wierd: den *Garbon* had alhier
ses Klerken die Spaans konden spreeken,
leesen, en schrijven.

Des

Des anderen daags wierd ons een geschrift ter hand gesteld van de daar gebragte koopmanschappen, en waren de volgende:

Veelderhande zoorten van Vleesch, Fruiten en Groente, Koren, Brood en Drank.

Pakkam en *Krapakkam* : *Pakkam* is een zeer fijne Wol, zijnde fijnder als Spaanse, jaa naa my dagt nog beeter als die van *Carman* uit *Persiën.* Deese komt van een Dier *Pak,* grijs als een Ezel; dan dit zal onder de Dieren deeses Lands beschreeven worden

Krapakkam, is het stof daar van geweeven, is omtrent als het Hollands Berkaan, dog dit kan niet door reegenen, hoe hard en lang het ook reegend, want het neemt geen waater in, alle vogt, behalven olie rold daar op af; het is zeer zagt, grijs van koleur, en mag niet geverft worden; is ten naasten by anderhalf elle breed, en een stuk is lang 39. of 39 en een half elle.

Sifa Kattoen, *Krasifa* geweeven kattoen, van veelderhande flag, fijn, grof, breed, smal, allerlei koleur, en ook gedrukt.

Monka Zijde, zoo bereide als onbereide. *Kramonka* geweeven zijde, van veel'erleye zoorte en koleuren.

Veel'erley zoort van *Talok,* Gomme, in haar Taale gespecificeert.

Veel'erley *Fika,* Verf, zoo drooge als
vloei-

vloeibaare, wiens naamen niet anders konden vertolkt worden, als met rood, geel,
blaau, groen &c.

Boula, Honing. *Boulaka*, Was.

Eenige ronde platte Brooden. *Ouwa*,
Goud : *Louwa*, Silver : *Pouwa*, Kooper :
Nouwa, een zoort van Metaal ons onbekend.

Zeer konftig gewerkt Goud, en Silver.

Akalou, een Wortel, daar in 't Land als
Thee getrokken, en gedronken.

Jofcham, roode harde Steen, dog zoo glan-
fig niet als roode Koraalen. Hier van hadden
zy Beekers, Kandelaars, en ander goed,
zeer konftig gemaakt.

Vreemde fchoone Vogels die fpreeken
konden, van verfcheide zoorten.

Vreemde en aardige Dieren. Wonderlijk
Schelpgewas.

Mufikaale Inftrumenren, by haar bekend,
en in gebruik.

En nog veele dingen, my vergeeten, alzoo de Carga van dien Land-aard niet heb
afgefchreeven.

Daags te vooren eer den handel zoude aan-
gaan, wierd by de Tent van den *Garbon*,
een Theater of Stellagie opgerigt, hebbende elke zijde neegentig voeten langte,
rondom met een leuning. Waar op aan
de Ooft-zijde een Tent ftond langs het Stellagie,

lagie, diep neegen van mijne voeten, hier in waaren gefteld neegen Taafels elk van jeeder neegen voeten lang, hebbende ieder tuffchen beiden een fpatie van drie voeten.

Dit vaardig zijnde, wierd belaft op een groote hoorn te blaafen; naa eenige reizen geblaafen te hebben, vergaaderden de meenigte voor het ftellagie, en wierd door den Secretarfs van den *Garbon* daar iets afgeleefen, en aan ieder poft van het ftellagie dat zelve aangeplakt, dat van alle bynaa wierd geleefen.

Dit Plak-fchrift behelfden, dat elk op aankomende morgen ten feeven uuren, fijne koopmanfchap zoude uitvlyen en ten toon ftellen, elk in of buiten fijn Tent, ten einde het de Spanjaarts konden zien.

Ik verlangde naa die tijd, kon daarom dien nagt niet wel flaapen, des morgens was ik al met den dag op.

Ik deed een Kift van Boord koomen, en in onze Tent brengen, welke opende, kreeg het regifter daar uit, want booven in elke van mijne Kiften lag een regifter van alles wat in de Kift was, en by elk de prijs van inkoop aangeteekend.

In deeze Kift had ik Neurenborger goed, als verfcheiden Boek-fpiegels, Koraalen van veel'erlei zoort, groote en koleur. Verre-
kijkers

kijkers verscheiden zoort. Vergroot-glaazen. Kooperen Compasjes of Sonnewijzers, waar in een Brand-glas en Spiegeltje is. Paternosters. Ringetjes van geverfd Hoorn, van gesleepen Glas, van gesleepen Koraalen, van Paardehair tot Aaken gemaakt, met Letters en Sinspreuken, van alle koleur. Koraline gesleepene Hals-keetenen. Valze Paarlen. Geschilderde en vernifte Snuiftabak-doosjes. Brillen van verscheiden zoort. Poppen die door een draat of snaar konden bewoogen worden. &c.

Den *Garbon* bezag dit alles, en had aan alles zin. O de *Posos* zeide hy, gy zijt gelukkig dat gy zulke koopmanschap hebt; ik ben en blijve u vriend, ik vrage u niet wat u dat kost; maar ik wil al dit goed voor den Koning koopen, en daar meede hem en u dienst doen buiten mijn schaade. Hier hebben wy noit zulke zaaken gezien. Ik zal u goed doen zoo veele ik kan, laat deeze Kist aan niemand zien, den Koning kan en wil u wel betaalen.

Hier op schreef hy zelf een Brief, die geevende aan een Ordinantie-Ruiter, met last om binnen vier daagen weeder hier te zijn, want alle drie uuren stonden Paarden tot relais, dit ging altijd op een galop voort.

Des morgens kwam den Kapitein, Koopman

man en verscheiden Passagiers, al met den dag aan Land, om alles wel te bezien; het geene haare gadinge was wierd op prijs gesteld, en op het Theater gebragt.

Ten zeeven uuren wierd weeder op verscheiden kooperen Hoorns geblaazen, terstond verscheenen op het Theater welke haar Koopmanschap daar op gebragt hadden.

Den *Garbon* ging aan de middelste Taafel zitten, hebbende een Secretaris aan sijn regterhand zitten, die alles opschreef.

Aan sijn linkerhand zat een Man, die voor hem op de Taafel had Schaal, gewigt, en unster, een elle, een voet-maat, en een kooren-maat; voor de taafel was als een galg, daar was een zeer groote Schaal met zijn eevenaar, of balançe vast, bekwaam om meer als duizend ponden op te weegen.

Hier wierd gekogt, verkogt, en geruild, als over al geschied, daar ik my weinig meede bemoeide.

Daags daar aan kwam order van 't Hof, dat den *Garbon* zoo veele Wijn en Brandewijn zou koopen als konde, tot zoodaanigen prijs als goed dagte, en bekoomen kon. Hy las my de Brief alleen in het Spaans voor.

Zietge de *Posos* zeide hy, dat ik u nu

S ver-

vergelden kan, dat gy aan my gedaan hebt, mijn Konink kan, en wil betaalen, zegt aan niemand van onzen handel.

Den *Garbon* deed een zeer groote Tente opflaan die tot een Pak-huis voor den Koning zoude dienen, om al wat voor fijn Majefteit gekogt wierd, daar in te bergen, deeze Tent wierd met Ruiter-wagt-bezet, en bewaakt.

Met den daagelijkzen handel bemoeiden ik my tot nog toe niet; maar tijding en ordre van den Koning koomende, dat den *Garbon* al zou koopen dat hem behaagde voor den Koning, en goud, zilver of andere waaren van *Taloujaël* zou doen koomen zoo veele als oordeelde noodig te zijn, of van doen te hebben.

Zoo bragt ik op des *Garbons* laft aan Land twintig kelders met Franfe Brandewijn, elke kelder koften ons tot *Cadix* een-en-twintig gulden Hollands, ik verkogt elken kelder alhier voor honderd gulden Hollands, dat goede winft was.

Een Oxhoofd Malgomfe Wijn verkogt ik voor vier honderd en vijftig guldens Hollands. Ik zal voortaan altijd by Hollands geld reekenen.

Ik had twee gros Boek-fpiegels in verguld leer; elk dofijn koften my fes guldens, was

to

te zaamen 144. gl. , deese verkogt ik het
ftuk teegen drie gl. , dat bedroeg 864. gl.

Ik had duifend pond koralen van allerley
zoort en koleur , met nog 3000. kettings
valfche Paarlen; ik wil niet zeggen wat my
die koften , en waar voor ik die verkogt ,
laat het genoeg zijn dat ik zegge , dat ik
daar aan alleen een rijkdom won. Met een
woord , alle fnuiftery van zoodaanig goed
als ik genoemd heb , gold zoo veele als ik
efchte , zonder dingen.

Doen ik alles verkogt had wat ik miffen
wilde, moeft ik ook wat weeder inkoopen.

Mijn Inkoop beftond in vijftig pond *Pak-
kam*, twaalf ftuk *Kra-pakkam*, duifend pond
Sifa, vijftig ftukken *Kra-fifa* , duifend ftuk
Kra-monka van veelerley zoort, verfcheiden
Talok , verfcheiden *Fika* en *Jofcham*.

Ik wierd met enkeld Goud betaald, en
met het zelve betaalde ik mijn inkoop weederom.

Ik had twaalf huisjes gedrilde Bier-glaa-
fen , elk huisjen waaren fes in malkander;
deefe had den *Garbon* nog niet gezien , ik
voer naa boord , bragt een huisje Glaafen,
een kelder Brandewijn , een anker Malgomfe Wijn , met een anker Sek aan Land ,
welke ik den *Garbon* vereerde, die dat weigerde aan te neemen. , dog liet hem einde-

lijk

lijk beweegen. Ook gaf ik hem voor den
El-bo, om hem die te behandigen, een Glas,
een Boutelje Wijn, en een Boek-fpiegeltje,
dat den *Garbon* aannam hem te zullen behandigen; hy het boek-fpiegeltje met op-
merking beziende, fchoot my in dat den
Garbon nog geen Spiegeltje had, zey Heer
Garbon ik zal u fes van zoodaanige vereeren,
ik heb nog wel twee kiften van zoodaanige
koopmanfchappen, dog meen die in de drie
laatfte daagen van onfen handel eerft te openen.

Den *Garbon* beftierf op dit mijn zeggen,
hy wierd bleek en altereerde; ik vloog naa
hem toe, deed hem een glas Wijn geeven,
als wanneer hy wat bekwam. Hy my wat
ftreng aangezien hebbende, borft ten laatften uit, hoe de *Pofos*, ik meenden dat gy
een eerlijk Man waard, op wiens woorden
men valt kon gaan. Ik heb u zoo veele papieren overhandigd, morgen komt nog een
doos vol voor u hier, en nog meer zult gy
hebben voor dat gy vertrekt, zulke die noit
buiten ons Land zijn geweeft, ik heb u alle
vriendfchap betoond die in mijn magt is,
bedriegd gy my? wat reeden heb ik u daar
toe gegeeven? heb ik u niet belaft zoodaanige Koopmanfchappen alleen aan den Koning te zullen verkoopen, en aan niemand
anders?

anders? heb ik aan u den vollen eifch niet betaald? Weederftreefd gy des Konings gebod?

Weet gy wel, dat ik u terftond na *Kesmes* kan zenden, daar gy veel te verant-
woorden zoud hebben? Man wat hebt gy
gedaan!

Ik verfchrikten over deefe taal, en wierd
meerder ontfteld als den *Garbon* geweeft
was, ik moeft op een bank gaan zitten, om
dat niet meer kon ftaan.

Den *Garbon* bekwam, ftond op, en deed
my weederom een glas Wijn geeven. Deefe ontfteltenis over zijnde, raakten ik aan 't
bedaaren, als wanneer wy met grooten ernft
begonden te fpreeken. Ik zeide verfchrikt
te zijn dat men my daar wilde houden.
Den *Garbon* zeide, dat is de meening niet;
maar gy en u Volk moeten het gebod des
Konings zoo wel gehoorzaamen als wy.
Gaat na boord, haald de lijft van geheel u
Cargazoen, ik zal zien wat de Koning hebben wil, de reft verkoopt aan andere; ik
heb immers tot u gezegt, den Koning kan,
en wil u beeter betaalen als andere. Ik ben
u Vriend, en wat wild gy meer?

Ik voer naa Boord, zag mijn dingen naa,
en bevond, dat nog twee Kiften met Neurenberger goed, eeven gelijk als die ik ver-

S 3   kogt

kogt had, in 't Schip had. En nog een Kiſt met Venetiaans Glas, daar in drie Spiegels van vier voet met glaazen Lijſten, drie dito van derde-half voet, vier ovaale van anderhalf voet, voorts veele Kriſtallijne glaazen van veel'erleye zoorte, met nog een gros geſleepen beſte Boek-ſpiegels.

Hier uit nam ik een ovaale Spiegel, zes Boek-ſpiegels, met een Kriſtallijne Coraal, dat ik den *Garbon* aan Land zond, tot een vereering, ik bleef aan Boord, alzoo my niet wel voelde, my luſten niet te eeten, ik lei my te Kooy, en was zeer verdrietig.

Teegen den avond kwam den *Garbon* zelf aan Boord, en by my koomende, vraagde naa mijn gezondheid.

Ik zei dat gelaaten was, om dat my niet wel bevoelde. Daar op hy zeide ſtaat op zoo gy kond, gaat met my aan Land, daar hebt gy het gemakkelijker, gy moet u zoo ligt niet ontſtellen, ik ben, en blijf u Vriend, ik doe alles tot u voordeel en pleizier, zoo veel ik kan. Ik kom ook om u te bedanken voor het Preſent aan my gezonden, dat my zeer aangenaam is.

Nog zeg ik u, dat hier geen Glas in 't land is, als de konſtige Verrekijker op *Neman*, en nog weinig aan 't Hof van den Koning, nu en dan uit een geſtrand Schip geborgen;

borgen; laat ik u glaafen zien, ik zal u daar voor geeven dat gy eifcht, zend u kift met glaafen en de twee andere kiften aan Land, en wilt zelf meede koomen, ik raade u ten beften.

Ik zond eerft de twee Neurenberger kisten aan land, voor elk zoo veele ontfangende als voor de eerfte genooten had.

Wy gingen flaapen, des morgens was ik vry wel, en kwam een doos met papieren voor my van *Taloujaël*, welke den *Garbon* zonder die te openen my overhandigde; in fijn Brief was een regifter der zelve. In het overgeeven zeide den *Garbon* tot my, daar de *Pofos*, ontfangd deefe doos met Brieven, nog eene hebt gy met de Kaarte te verwagten.

Dan hebt gy een complete Befchryving van ons Koningryk, zoo van dit als de aangeleegene Eilanden, daar in verhandeld word Befchryving van eenige Steeden, Dorpen, van de Menfchen, en haar Zeden, van Bergen, Bofschen, Dieren, en Vrugten, van Rivieren, Baijen, Havens, Poelen, Metalen, Viffen, Vaartuigen: gy zult hebben een Befchryving van de Vogelen, en bloedeloofe Beeftjes, en wat ik meer denken kan, niemand heeft dat oit gehad.

Ik nam de doos dankbaar aan, bragt die

S 4

voort

voort zelf aan Boord, alzoo mijn Spiegel-
of glas kifte haalde. Deeze uit gevleid hebbende, deed ik de Kaft van een derdehalf-
voets Spiegel af; den *Garbon* die ziende,
wierd zeer verheugd, zeggende, als met
verwonderinge, dat zijn Koninglijke zaaken.

Zoo veele ik eifchte wierd my aanftonds betaald, ik won daar op alleen zoo veel Geld,
dat het zig zelf fchaamden. Wy hier zulke
goede Koopmanfchap doende, en onze meefte goederen verkogt zijnde, wierd in de
Scheeps-raad beflooten, van niet naa de
Philippijnen te zeilen, maar den Handel hier
gedaan zijnde, van hier weer regt naa *Panama* te zeilen.

Van welke refolutie wy den *Garbon* ken-
niffe gaven, welke daar op onfe leg-daagen
nog drie weeken verlangde, dog op appro-
batie des Konings. Wy leefden hier als
Heeren; ondertuffchen begon onfen Kapitein als een goede Zeeman en Vader van
onfe Scheeps-huishouding, zorg te draagen
om Victualie en Ververffing tot onfe te huis-
reis nodig, op te doen, dat hy met veel verftand en yver uitvoerde.

Naa eenige daagen kwam de lang gewenfchte Kaarte van het Koningryk *Krinke
Kesmes*, neevens fijne aanbehoorende Eilanden,

den; en al wat den *Garbon* beloofd had, hy my deefe laatfte doos overgeevende, zei, de *Pofos*, daar hebt gy nu al wat ik u beloofd heb; behalven dit, wil ik u op u vertrek nog een gedagtenis doen hebben, daar by gy my gedenken zult.

Ik kogt nog honderd ftuk *Kra-pakkam*, om in *America* te verhandelen, en daar in de reegentijd te gebruiken.

Wy hadden hier nu in de vijfde weeke geleegen, hadden goede handel gehad, en handelden nog daagelijks, dog zoo fterk niet als eerft.

Wy waren nu tot de reis van alles klaar, dog wierd verftaan met believen van den *Garbon* hier nog twaalf daagen te leggen, ons Schip fchoon te maaken, en ons van het ontbreekende verder te voorzien.

Op zeekeren dag wanneer ik des nagts aan Boord geflaapen had, kwam den *Garbon* aan boord met een kiftje, by my komende, zeide mijn Vriend, ik heb u een kleine vergelding meede gebragt, neemt dat in dank, zoo als ik uwe gefchenken ook gedaan heb. Hy had het in de Konftaapels-kaamer doen brengen, en met my derwaarts gaande, floot het op, hy had daar in gedaan, drie ftukken *Krapakkam*, drie ftukken *Kra-monka*, drie ftukken *Kra-fifa*, alle van de fijnfte

S 5   en

beste zoort, zoo als aan het Hof gebruikt
wierd; tien pond *Akalou*, met een keetel
van *Nouwa*, een Trekpot, tien Schoteltjes,
tien kopjes van *Joscham*, vijf Rokken daar
aan elk een Muts vast is, zoo als in reegen-
tijden gedraagen worden van *Kra-pakkam*:
Met nog een kistje met vreemdigheeden;
als Schelp-gewas, Koppen van Vogels, Vis-
sen, Klaauwen, &c. Ook kleine gedroogde Diertjes, Vogeltjes, Wurmtjes, &c.

Ik wilde dit alles niet aanneemen, daar
op hy verklaarde, zoo ik dat niet aannam,
hy my de vriendschap opzeide. Waar op
ik het aannam. Met voelden hy in sijn zak:
ey ziet! zeide hy, ik heb het Register van
uwe Papieren van dat Land vergeeten, laat
het aanstonds haalen eer wy 't vergeeten;
het is maar een ruw begrijp van de Beschryvingen die ik u overhandigd heb.

Terwijl wy aten was 't val Roeijers, met
een briefje van den *Garbon* naa sijn Tent,
en haald het geene hier op staat. Dat terstond geschiede; ondertusschen dronken wy
ons braaf rijk, te weeten, den *Garbon*, Ritmeester, Ik, en een Stuurman: maar onsen
Kapitein was altijd zober. Wy dus zittende, en spreekende zoo van *Europa* als van
het Koningrijk van *Krinke Kesmes*; wierd
beslooten, dat wy den derden dag naa dee-

fen zouden vertrekken. Nu kwam de Sloep weer aan Boord, met het Regifter in 't kort, in de Spaanfe Taale, welke dus in 't Hollands luide.

De Befchryving van het Koningryk *Krinke Kesmes*, welke ik aan u overgeleeverd heb, behelft voornamentlijk,

Een Befchryvinge van het Hoofd-Eyland
POELE KRINKE KESMES,
Neevens andere EYLANDEN *daar onder behoorende.*

Van de Inwoonders, haare Gods-dienft, Wetten, en doeninge.

Van eenige Steeden en Dorpen, waar in van de Beelden gehandeld word, met veele Spreuken.

Den aard of geftalte des Lands, als Bergen, Valeyen, Boffchen, Rivieren, Poelen, Havens &c. Haare Vaartuigen.

Van de Land-dieren.

Van de Vogelen.

Van de Viffen.

Van

Van Monfters op 't Land , in Rivieren, Poelen, en in de Zee.

Van Bloedelofe Beeftjes.

Van Boomen en Boom-vrugten.

Van Aard-vrugten, Kooren en Groente.

Het gebruik der zelve.

Zee-fchelpen, Hoorns, en Zee-gewaffen.

Van Metalen.

Hier onder zijn eenige teekenen , van Waaterleidingen, Beelden , en Dieren , &c.

Hy dit regifter aan my overgeevende, zei, hou daar de *Pofos* het Regifter van de Schriften welke ik u beloofd, en gegeeven heb. Gebruikt die tot u pleizier en tijdverdrijf op Zee. Schikt die naa u eigen welgevallen.

Ik zal u nog een jongen Vogel geeven, die gy kond leeren klappen, morgen krijg ik die.

Ik antwoorde, Heer *Garbon* ik danke u

voor

voor alle eere, en Vriendschap, welke ik
van u genooten heb. Ik zal u ook nog iets
vereeren, gaat met my zoo 't u beliefd, naa
mijn Boeke-kist in de Konstaapels-kaamer,
dat hy deede; hier uit haalden ik een *Obi-*
dius in 't Spaans met 150. Figuuren. De
Scheep-vaart van *Columbus* in twee banden,
en nog den Spaansen *Don Quichot*; hy omhelsde my van blijdschap, en bedankte my
met al zijn herte.

Op de Strand was nu niet meer te doen,
als des *Garbons* Tent, met twee Waagens,
een Kar, twee Ruiters, die neevens het
ander Volk in een groote Tent Huishiel-
den.

Den Vogel kreeg ik, welke ik onder
de Dieren deezes Lands beschrijven zal.
Nu viel niets van belang voor, want wy
waaren van alles wel voorzien, en visten alle daagen, hadden zeer goed waater, ons
ontbrak niet, wy waaren daageliks heel
vroolijk; de laatste zoode Donderdaags morgens gevangen hebbende, was het net des
agtermiddaags al droog, en ingepakt, wy
waaren deezen dag zeer vrolijk, en dronken onze goede reize.

Ten vijf uuren nam den *Garbon* affcheid,
ons van alles bedankende, en toonde ons
een order des Konings van daar nooit
wee-

weeder te moogen komen, alzoo ſijn Land niet begeerde bekend te hebben. Of indien wy weeder kwamen zouden wy met Schip en goed prijs verklaard worden. Waar op naa Land voer, wy groeten hem met drie kanonſchoten.

Den aankomenden morgen was het met den dag over al, Anker op, Zeilen by; wy riepen den *Garbon* vaar wel toe; groeten hem nog met ſeeven ſchooten : hy bedankten ons met wenken. Wy ſtaaken in Zee, en kwamen gelukkig weeder tot *Panama*. Onderweegen hadden geen zonderlinge ontmóeting, als dat wy altemet een Eiland om te ververſſen, aan deeden. Van *Panama* trok ik over land naa *Porto Bello*, en van daar naa *Sivilien*; van waar ik dit aan mijn Vriend als wat raars toezende; en verwagt met den eerſten ook van my een goede Overzetting van mijne andere Papieren, die U E. getrouwelijk zal ter hand ſtellen. Vaart wel &c.

E I N D E.